圖式年表
日本統治臺灣五十年

乃南亞沙 著
（Nonami Asa）

沈玉慧 蕭家如 譯

資料提供/全面協助
國立臺灣歷史博物館 秋惠文庫

五南圖書出版公司 印行

前言　乃南亞沙（Nonami Asa）

臺灣是日本到第二次世界大戰無條件向聯合國投降爲止，受日本統治五十年的殖民地。戰後出生的我們，對於這個歷史事實究竟有多少正確的認識呢？筆者個人不記得曾經在學校學過這段歷史。從這一點來看，不可否認地日本在歷史教育方面關注的重點有很大問題，不過這也和日本人容易封閉痛苦記憶的性格，不無關係。

日本人豐富又纖細的性格，想必受到日本列島富饒自然環境不小的影響。日本列島自古以來發生過無數次的地震、火山爆發，每年也都因颱風、豪雨所造成的土石流、河川氾濫，以及大雪等遭受到自然災害之苦。每當碰到這些時候，我們的祖先們因爲失去農地、住所、親人，心靈受到重創。即便如此，爲了活下去，只能盡快地將這些痛苦的記憶封閉起來。忘卻，對日本人而言是保護自己最有效的方法。

不過，面對天災可以運用經驗，記取從各個地區自古流傳下來的教訓，因此能看到以數十年爲單位，持續不斷的治水工程等。尤其現在的日本，在各地接連不斷的地震等災害之下，新的防災意識也越來越高了。

那麼，人爲災害又是如何呢？最大的人爲災害正是戰爭。

我們所知道的戰後日本，總是不斷地提倡和平。不過，光是如此無法切實地記取教訓。因爲，如果不知道日本究竟爲什麼會選擇戰爭，在哪一個抉擇點時做了錯誤的選擇，哪裡有什麼不足的地方的話，恐怕依舊會重蹈覆轍。然而，每當提到個人的戰爭經驗時，不光是軍人、部隊，就連遭遣返回國、在日本遭受空襲的人們，任誰都不想多說。他們雖然一邊說著，當時眞的是太慘了，實在不想再經歷一次，但是如果試著詢問更深入的具體情況時，就會回答：「早就不記得了」，然後就不願再多說。從年輕人的角度來看，只能感受到這些人大概經歷了即使說謊也無法裝作沒發生過，悲壯又悲慘的經驗吧。而就在他們持續地選擇沉默之中，時代遷移，戰爭經驗者也年老了。

培理黑船來航時，是一八五三年。廣島、長崎被投下原子彈後戰敗，則是在一九四五年。短短地九十多年，日本從江戶時代往燎火的原野裡衝。長久以來生活在鎖國狀態下的島國日本人，開始剪去髮髻、穿起西服。之後又是如何和世界建立連結，扮演什麼樣的角色呢？在這過程中，又是如何占領臺灣，如何經營殖民地的呢？五十年來，有多少日本人移居臺灣，又是以什麼爲目標生存下去的呢？另一方面，成爲被殖民地的臺灣，又有哪些人在這裡生活著呢？筆者認爲應該要確實地了解這些屬於日本和臺灣的歷史。

一開始在臺灣採訪時，就造訪了國立臺灣歷史博物館。在陽光耀眼炎熱的臺南，接觸到在日本已經見不到的時代痕跡，了解到當時的時代背景後，受到的衝擊至今依舊鮮明。

「日本人所不知道的日本，在臺灣。」

有時一張地圖、照片勝過千言萬語。因此，筆者思考著是否能透過介紹收藏於歷史博物館中，日本統治時期的部分藏品，在時代的序列下，運用小說家的語彙，重新思考這段日本和臺灣曾經同屬一個國家的歷史，這正是筆者撰寫本書的契機。

日本和臺灣結下了奇妙的緣分。這段緣分究竟是惡緣，還是有所收穫的善緣，根據牽涉其中每個人的人生境遇，會有極爲不同的解釋。不過至少對於因爲本書的誕生，而與臺灣結下緣分的筆者來說，是一份無可取代的珍貴寶物。

理解筆者作爲一名小說家思慮欠周的企畫，爲此組成企畫團隊從龐大的資料中挑選出適合的材料，爲《小說現代》的十三個月連載不間斷地提供資料的陳怡宏研究員、謝仕淵組長與各位館員，以及總是悉心地扮演聯絡人的羅欣怡博士，筆者的感謝之意，無以言喻。當時任職臺灣歷史博物館的呂理政館長，提供筆者臺北秋惠文庫的資訊，加上秋惠文庫的所有者——林于昉先生的理解與協助，都成了撰寫這本書很大的一股助力。

不論是怎麼樣的過去，都不應該被遺忘，這正是筆者目前所想的。不論好與壞，即使時而伴隨著苦痛，這些都是曾經存在過的事實。

目次

資料提供／全面協助

國立臺灣歷史博物館
National Museum of Taiwan History

秋惠文庫

協助

一般社團法人日本臺灣文化經濟交流機構

「真誠日本」計劃 ©Project Magokoro Nippon

＊日本臺灣文化經濟交流機構主要從事保存及傳承日本統治時代的歷史建築等，
相互傳遞臺灣與日本的優質文物等相關活動。

第1章 占領臺灣

1624-1897

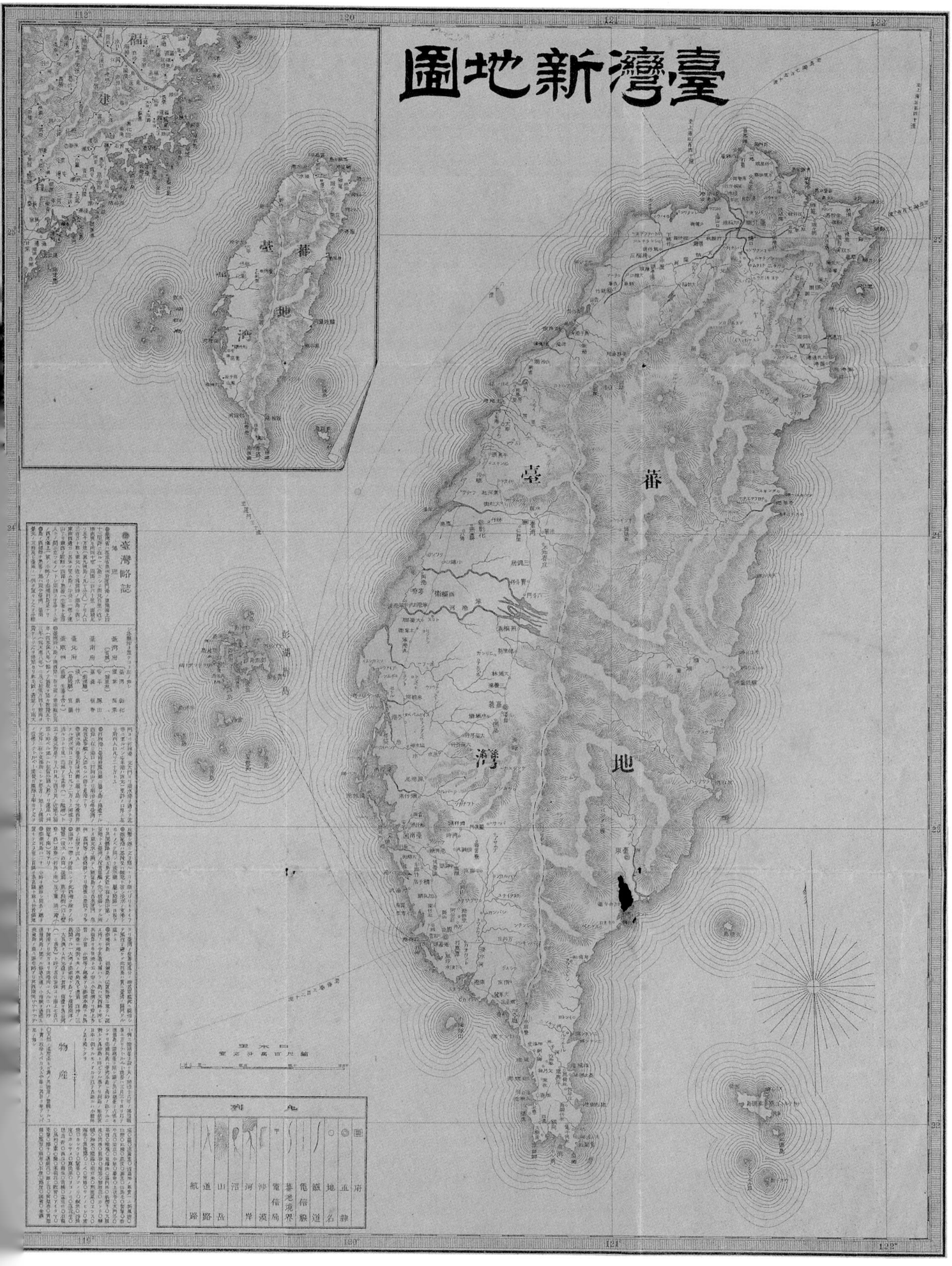

◉明治二十八年四月，簽訂馬關條約後隨即印製、發行的地圖，傳達出日本接收臺灣的積極意圖。

1

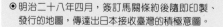

2

⊙中日甲午戰爭後，凱旋回到東京的士兵們前往氣派皇居時，沿路受到人們熱烈歡迎的景象。

一六二四		荷蘭占領臺灣
一六二六		西班牙登陸基隆
一六四二		西班牙自臺灣撤退
一六六一		鄭成功驅逐荷蘭人
一六八四		臺灣成爲清朝領地
一八九五（明治二八）	（四月）	根據馬關條約，臺灣割讓給日本
	（五月）	臺灣民主國獨立宣言
	（五月）	日軍開始登陸臺灣
	（六月）	唐景崧逃亡到廈門
	（六月）	樺山資紀總督舉辦始政典禮
	（六月）	著手展開電信事業
	（六月）	開始招募國語（日語）教員
	（八月）	占領臺灣府（臺中）、彰化
	（九月）	著手建設鐵路
	（十月）	臺灣民主國瓦解
	（十月）	北白川宮能久親王逝世
	（十一月）	向大本營報告平定臺灣全島
一八九六（明治二九）		出現把臺灣賣給歐洲的「賣臺論」
	（六月）	桂太郎就任第二任臺灣總督
	（六月）	雲林發生多起激烈的武裝反抗活動
	（九月）	開始進行蕃人教育
	（十月）	乃木希典就任第三任臺灣總督
一八九七（明治二九）	（一月）	頒布臺灣鴉片令
	（四月）	頒布臺灣銀行法
	（四月）	允許臺灣居民選擇國籍的最後期限
	（五月）	臺灣鐵道株式會社成立
	（六月）	摩里遜山〔Mt. Morrison〕改名爲新高山
	（十月）	制定鼠疫防治法

3

◉描繪日軍登陸臺灣的雙六。雙六就像是人生遊戲（The Game of Life）一樣，具有移情作用，同時又能夠體驗故事內容，是一種最棒的遊戲。

4

◉由東陽堂刊行的《風俗畫報》，透過圖繪和讀物的方式，向一般民眾傳達中日甲午戰爭的戰況。

5

◉當時的錦繪（浮世繪版畫）代替了報紙照片。登陸澎湖島的粟田大尉把「敵人一刀兩斷」。

日本開始使用平成這個年號，到去年（二〇一六年）已經二十八年了。對有點年紀的人來說，回顧這段期間日本國內發生的大事應該並不困難。

平成始於二十世紀末的泡沫經濟末期，之後就是泡沫經濟瓦解與就業冰河期、阪神淡路大地震，奧姆眞理教的東京地鐵沙林毒氣事件也在同一年發生。跨入二十一世紀之後，出現階層社會、雷曼金融風暴，緊接著就是東日本大地震，與隨之而來的福島第一核電廠事故。

在這段期間裡，發生了不少事件或事故，尤其是兩次大地震等各式各樣的災害，不少人的人生因此產生了重大變化，即便如此，在這段期間裡，雖然也發生過政黨輪替，但是政治體制並沒有產生變化，也沒有發生反政府的恐怖攻擊事件或是內戰。沒有發生什麼威脅生命的傳染病，也沒有受到來自海外的軍事攻擊。許多通訊設備的數位化，促使了網路迅速地發達普及，不過這樣的發展並沒有對基本的食衣住行帶來革命性的變化。

但是，如果試著比較明治的「二十八年」，就會發現同樣的二十八年，明治和現在有著令人驚訝的極大差異。在這之前，首先使維持將近二百七十年的德川幕府畫下句點，國家體制產生全然不同變化的契機之一，應該就是黑船來航了。兩百多年來，在持續施行鎖國政策的封閉環境之下，這段期間裡日本沒有受到激烈的刺激，在科技技術方面也沒有劇烈的進展，生活在時間悠然流逝中的日本人，當一八五三（嘉永六）年馬修・培理（Matthew Perry）率領美軍東印度艦隊出現在浦賀港時，突然之間日本產生了巨大的變化。在這之前，頂多就只有在對外往來的窗口——長崎出島與荷蘭進行貿易，或是一部分的人學習「蘭學」，除此之外，大部分的日本人對於「向外發展」這件事可以說沒有什麼興趣。然而沒想到，當察覺到外面的世界時，歐美列強竟然已經悄悄地來到自己的眼前了。

這樣的變化絕對會讓人大吃一驚。就像我們突然有一天遇到ＵＦＯ來襲般令人驚嚇。

光是艦隊的陣容就夠嚇人了，沒想到艦隊上的人更讓人吃驚。竟然從頭髮、眼睛甚至膚色都不一樣，說的話也完全聽不懂。最讓人震撼的是他們高大的體型，這些人用宛如看著珍奇生物般的眼神，從高處俯看著日本人，然後用極爲從容的態度說：「開國」。他們的一舉一動，身上散發出的香味，甚至連從衣服裡拿出來的每件東西，都和我們完全不一樣。一看就知道，以他們的富裕、技術、軍事力，馬上就能夠把主要過著農業生活的祖先們一口氣給擊垮。

這可不行。

然而，還沒從驚嚇中恢復過來，日本不一會兒就被制服了。不，就像蟲子被「噗嘰」捏死般地結束了。具有危機感的藩首先趕緊培育人材，而在這樣的背景之下，光是選擇繼任者就窒礙難行，苦於沒有具備改革氣魄人材的德川幕府，不再具有向心力，從培理出現不過十五年的光景，德川幕府就消失在歷史的舞臺上了。

一八六八年，日本朝廷宣布王政復

古，明治天皇即位，把年號從慶應改爲明治，之後日本就開始極盡全力地向前衝。

仿效歐美，近代化！

總之，爲了不被那些體型龐大且恐怖的西方人吞食掉，就得盡快、努力地變成和「歐美一樣」。如果想要去除一開始被敲開國家的大門後所造成的屈辱與卑劣感的話，那麼就必須要先「忍辱負重」，即使必須要向歐美討教。花大錢請歐美人來日本，或是日本人前往歐美學習，只要能學習模仿的全都照單全收，廢寢忘食般地努力著。

即便只有一天也要趕緊加快腳步！

當時抱著悲憤般的覺悟與拼了命般倉皇失措的日本，肯定是現在的我們所無法想像的。首先，江戶改名爲東京，如果試著回顧明治天皇即位後，急忙地從京都搬遷到東京後的明治時期的話，概略的內容如下：

一八六八（明治元）　江戶改稱東京；以江戶城作爲皇居。

一八六九（同二）　戊辰戰爭結束；版籍奉還，舊公家、大名變爲華族，舊武士階級成爲士族和卒族，農工商則成爲平民。

一八七〇（同三）　東京—橫濱之間的電信線開通；決定國旗（日章旗）的樣式；東京府允許製造人力車；制定平民姓名許可令。

一八七一（同四）　制定戶籍法；發行郵票；制定新貨幣條例；廢藩置縣；發布散髮脫刀令。

一八七二（同五）　展開戶籍調查；解除旱水田永世買賣禁止令；《勸學篇》出版；公布學制；新橋—橫濱之間的鐵路開通；橫濱瓦斯路燈啟用；使用西曆；棒球傳入。

一八七三（同六）　頒布徵兵令；禁止復仇；實施地租改正；制定紀元節；制定國立銀行條例。

一八七四（同七）　民撰成立議院建言書完成。

一八七五（同八）　頒布平民姓名必稱義務令；開設東京氣象臺；設置

6

⊙用金線描繪代表日本皇室的菊花紋章與日章旗、旭日旗的酒盃，寫著征臺記念。當時的日本常常製作這樣的酒盃。

7

⊙繪有「我軍澎湖島上陸之圖」，這應該也是為了大肆紀念而繪製的。

8

⊙使用華麗金箔的酒盃。當時肯定陷入取得第一個殖民地的狂熱氣氛之中。

元老院、大審院、地方官會議。
一八七六（同九） 頒布廢刀令、實施秩祿處分（這兩項制度使得士族喪失特權）；簽訂日韓修好條約；實施周日休假、周六半天制。
一八七七（同一〇） 西南戰爭爆發。
一八七八（同一一） 頒布地方三新法。
一八七九（同一二） 設置沖繩縣（琉球處分）。
一八八〇（同一三） 創作歌曲「君之代」。
一八八一（同一四） 頒布開設國會詔敕。
一八八二（同一五） 日本銀行成立；銀座開始使用電弧燈。
一八八三（同一六） 開設陸軍大學校；鹿鳴館開館。
一八八四（同一七） 網球傳入。
一八八五（同一八） 簽訂中日天津條約；創立內閣制，第一任總理大臣爲伊藤博文。
一八八六（同一九） 頒布小學校令、中學校令；公布教科書用書檢定條例；日本第一間電力公司成立於東京；展開大同團結運動。
一八八七（同二〇） 頒布保安條例。
一八八八（同二一） 公布市制、町村制度；東京朝日新聞、大阪每日新聞創刊；海事大學校成立；簽訂日墨（墨西哥）友好通商條約。
一八八九（同二二） 頒布大日本帝國憲法；公布衆議院議員選舉法、貴族院令；東海道鐵路全線開通。
一八九〇（同二三） 公布府縣制、郡制；第一次衆議院議員總選舉；發布教育敕語；召開第一屆帝國議會；成立東京—橫濱間的電話局。
一八九一（同二四） 足尾銅山礦毒事件問題化；尼古拉教堂（東京聖者復活大教堂）完工；出現西式住宅熱潮。
一八九二（同二五） 第二次衆議院議員總選舉。
一八九三（同二六） 公布戰時大本營條例。
一八九四（同二七） 第三、四次衆議院議員總選舉；中日甲午戰爭爆發；三菱一號館完工。

多麼動盪的二十七年啊！而且在這段期間裡，幾乎每年全國各地，都有不滿的士族發動反亂、內亂，以及百姓動亂等。還發生了地震，甚至有些年、部分地區還有霍亂疫情。自己身處的國家究竟正發生什麼事？在不知道究竟什麼才是正確的情況之下，平民百姓過著被世局左右的生活。而且還有不知從哪裡來的消息流傳著，在町鎮、村莊裡增加了從未見過的事物，人們在日常生活中確實感受到「變化」正不知不覺中接近著。

歌頌著「剪去頭髮敲敲頭，就會聽到文明開化的聲音」，正是這個時候。剪去至今爲止一直「引以爲傲」的傳統髮髻，頂著在當時被稱爲時代尖端的一頭短髮。軍服等制服也開始採用西服，就連一般人也開始穿起了西服。隨處可見劇烈的變化。

不過，即使如此，「老一輩的人仍舊認爲，明治維新不過是一場薩長武士企圖奪權所引發的革命」（生方敏郎《明治大正見聞史》中公文庫）。生於群馬縣沼田的該書作者在同書中還提到：「在中日甲午戰爭發生以前，我的周遭到處都充滿了反對明治政府的氣氛」，「頒布憲法之後，日本社會的反動情形和鹿鳴館時代相比，一般而言還是傾向於保守的。」曾經一度流行，以爲就會因此確立下來的西服，也馬上被廢除了，「歐化熱潮」（出處同前）也在頒布憲法後迅速地冷卻下來。之後就只剩下對侵入政治中心的薩長連盟與新誕生的中產階級冷淡的反抗運動而已。

「還是以前好呢。」

「嗯，現在這個世道總是讓人沒法定下心來。」

「怎麼樣也都還是無法喜歡現在這個情況。」等等，相信當時應該不時地出現這類對話，甚至可能還會出現某人要推翻政府吧的激烈言論。就在這個時候，中日甲午戰爭爆發。結果日本國內整體的氣氛又出現了一次極大的變化。「……據說要跟比日本大三十倍，相較於我國三千萬人口，人口有二億多的大帝國，而且是由知名官僚李鴻章坐鎮指揮的支那對戰，這還是日本的第一場對外戰爭，中國有英國從中援助，國民們也因此興奮萬分」（出處同前），這對一邊面對歐美列強的屈辱悲憤，一邊對國內新興勢力抱著不滿的情緒，雖然日常生活和過去沒有什麼太大的變化，但對被逼到絕境般的平民百姓們而言，一下子又充滿了活力。一波接著一波的勝利戰報，讓國民產生了一股身爲日本人的認同感，甚至超出了預期的效果。

要是咱們稍微認眞一點，拿出決心的話，不就像現在這麼強了嗎。雖然在江戶時代不這麼覺得，不過日本這個國家即使跟世界交手，搞不好會有令人意想不到的好結果。

當時沒有像現在的通訊方法，「只有傳送到郵局和警察局的電信線，所以戰況捷報會先傳到警局而不是報社。收到消息後，警察就會在門前的告示板上寫下戰況」（出處同前），透過這個方法得知獲勝戰況的國民們，各個歡欣鼓舞。雖然有隨軍記者，不過當時不是輕輕鬆鬆地就能拍攝照片的時代，所以另外以錦繪描繪戰況。「博文館爲了這次的戰爭還特別創立了《日清戦争実記》⑨這個雜誌」（出處同前），趁著這股氣勢甚至還出現了戰爭劇本、還有民謠。當時「最受歡迎的是海軍中將樺山將軍」（出處同前），這是因爲海軍中將樺山在戰場上立下了功勳，因此以成了時代的英雄。

⑨

⊙為了中日甲午戰爭，博文館推出的雜誌。詳細的插畫和內容讓當時的少年們沉迷其中。

這些就是明治維新以來，二十七年間所發生的事情，接著隔年終於得知戰勝清國時，「國民們狂喜，伊藤伯萬歲、陸奧宗光大臣萬萬歲」（出處同前）。

一八九五（明治二十八）年四月十七日，簽訂中日友好條約（馬關條約），遼東半島、澎湖群島、臺灣割讓給日本。但是之後在俄國與法國、德國的共同施壓下，要求日本將遼東半島歸還給清朝（三國干涉），日本因而不得不放棄遼東半島。

「即使身爲小學生，我們也和老師、父親一樣，帶著流淚般的悔恨感，歸還遼東半島……雖然如此，至少還拿到了點補償金，而且也得到了臺灣，我們安慰著自己說：『以後砂糖應該會便宜點吧』」（出處同前）。

簽訂馬關條約後，日本帶著戰勝的氣勢前往澎湖群島、臺灣。這正是日本統治臺灣的歷史起點。日本對臺灣的統治持續到第二次世界大戰結束，接受聯合國波茨坦宣言後，放棄臺灣主權爲止，統治時間長達五十年。二〇一五年日本戰敗七十年，同時也是臺灣從日本『光復』七十年。一九四六年，廢除臺灣總督府。

五十年來，日本究竟是如何面對、如何建立與第一個殖民地臺灣之間的連結，然後又留下了什麼呢？雖然只有半個世紀，但是有必要好好地認識臺灣曾經同屬於日本的這個事實與這段歷史。

在日本統治之前，臺灣究竟是一座什麼樣的島嶼呢？

十六世紀中葉，航行到臺灣附近海域的葡萄牙人將臺灣命名爲「Ilha Formosa」（美麗之島），在這時的臺灣主要是一座南島語系的複數原住民族居住的島嶼。臺灣的面積大約和九州一樣大，原住民族有「平地民＝平埔族」和「高山民」，各有數個部族，生活習慣、風俗甚至語言都各不相同，因此部族之間少有往來。除了這些原住民以外，還有少數的漢人和日本海盜等。在沒有「國境」的概念下，當時的人們自由地操控船隻過著跳島般的生活。

隨著葡萄牙人的出現，使得臺灣的存在受到注意後，荷蘭、西班牙也分別從島嶼的南北端登陸，開始築城，展開占領時代。成爲荷蘭、西班牙勞動力的大陸漢人陸續來到臺灣。在西班牙撤退，荷蘭也遭到母親是日本人的鄭成功驅逐，鄭氏政權也遭清朝消滅後，臺灣終於進入了清領時期。

歷經統治者更迭，進入清朝的統治後，當時雖然禁止、限制人員前往臺灣，但是以偷渡的方式前往臺灣的漢人絡繹不絕。主要有來自福建省、廣東省的漢人，以及同樣屬於漢族，但是擁有獨特語言、風俗的客家人，也賭上了性命前往臺灣。

隨著漢人持續地增加，當然也就逐漸地威脅到原住民族的生活，就連住所也遭到掠奪。雖然之後平埔族和漢

10

⊙劉永福。臺灣民主國實際的領導者，從臺南逃到大陸去了。

人通婚等逐漸同化，不過當原住民受到驅趕、土地被掠奪，甚至被迫接受完全不同的價值觀，理所當然地就出現了反抗的部族，磨擦、衝突開始出現。掠奪原住民的土地進而定居的漢族們，取得新天地的代價就是經常受到原住民族的攻擊，必須生活在恐懼之中，時常保持警戒。

此外，即使同樣是漢族，但是因為出身地、習慣等不同，也經常發生被稱為「械鬥」的武力衝突事件。當時甚至有「三年一小反，五年一大亂」的說法，可見當時的臺灣是一座治安不安定的島嶼。雖然稱之為統治，但是老實說清朝對於剛取得的臺灣並不太關心。

甚至認為「臺灣居民是『化外之民』，其地是『不及教化之地』」（伊藤潔《台湾》中公新書）。加上臺灣是一座屬於熱帶、亞熱帶氣候的島嶼，包括瘧疾在內，阿米巴痢疾、鼠疫等地區性的傳染病蔓延，還有就連原住民都感到害怕的毒蛇。清朝究竟是在什麼樣的認知下，把臺灣這一座島嶼割讓給日本的呢？總之，日本取得了臺灣之後，以強悍的氣勢接收了臺灣。

簽訂馬關條約後，五月十日，因為中日甲午戰爭而受到庶民極大歡迎的海軍大將——樺山資紀，被任命為第一代臺灣總督，同月二十四日樺山資紀出發前往臺灣。途中在沖繩與北白川宮能久親王⑪所率領的近衛師團會合，二十九日從臺灣東北部的澳底上岸。

另一方面，事前完全不知道清朝和日本簽訂馬關條約，被清朝「拋棄」的臺灣，理所當然地陷入極度的混亂之中。但是臺灣也不能毫無作為，因為無法忍受就這麼成了日本的殖民地，趁著這個機會決定成立「臺灣民主國」獨立，甚至還發表了獨立宣言。不過，這個決定實在是太過倉促了，因此當選第一任臺灣民主國總統的是最後一任臺灣巡撫——唐景崧。然而，唐景崧是一個完全沒打算死後要葬在臺灣的人，所以竟然把公款送

⑪

◉在臺南過世的北白川宮能久親王，之後被奉為「平定臺灣的英雄」供奉在臺灣神社等處。

⑫
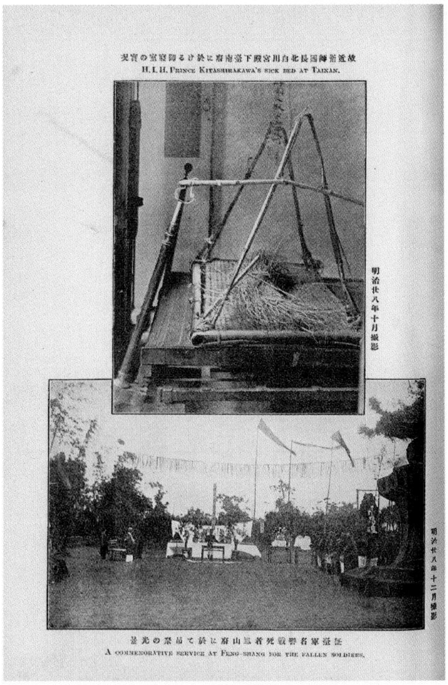

◉祭祀北白川宮能久親王臨終之前使用的床與戰死者的景象。當時有不少人病死。

往上海後，早早地就逃回大陸去了。原本期待法國會給予援助，最後法國也沒有伸出援手，結果就在得不到任何一個國家的承認之下，在慌亂之間日軍已經上岸登陸了。

日本的軍隊帶著近代化的武器來到臺灣。此時，清朝的駐軍士兵們早就已經自暴自棄了，「士氣差，紀律也不佳」（出處同前），所以這時日本軍隊只要驅逐民兵即可。

六月六日，日軍占領基隆。這個時候，一個默默無名的人──辜顯榮來到基隆向日軍表示：「臺北的民衆人人都期待著日軍的到來，由我來帶路」（周婉窈《図説台湾の歴史》平凡社），日本軍因而能夠無血刃入臺北城。辜顯榮因此趁機強化與臺灣總督府之間的關係，獲得各種利益，甚至成爲「御用紳士」，極盡榮華顯貴之事，最後還當上貴族院議員。

六月十七日，樺山總督在臺北的欽差行臺舉行了「始政儀式」。臺灣正式成了日本的殖民地。之後日軍更南下陸續占領各個城市，在這過程中最讓日本驚恐的是，臺灣是一個「瘴癘之地」。士兵們在作戰前就因爲瘧疾而一個一個倒下，終於連率領近衛師團的北白川宮能久親王也罹患了瘧疾。

始政式後大約過了五個多月，十一月十八日樺山總督向大本營報告平定臺灣全島，但實際上在這之前的十月二十八日，北白川宮能久親王在臺南病逝⑫。建於臺北的臺灣神社，供奉的就是北白川宮能久親王，之後也在親王的身亡之地建立臺南神社。

瘧疾的威力驚人，讓「一個中隊二五〇名的士兵，約一二〇名士兵病亡」（竹中信子《殖民地台湾の日本女性生活史1（明治篇）》田畑書店（中譯本：蔡龍保譯，《日治臺灣生活史─日本女人在臺灣（明治篇一八九五─一九一一）》時報文化，二〇〇七以下同））。

除此之外，臺灣民衆的抵抗行動也相當地激烈。臺灣民衆的同族意識強烈，導致「械鬥」頻傳，是一群不輕易向權力屈服的人們。臺灣人雖然把中國大陸稱爲「唐山」，對中國懷抱著思鄉之情，但是代代已經在臺灣落地生根，繼續在這座島嶼上生活的意念堅強。時至今日不想被驅逐，也不想受到外來者的統治，臺灣全島因而掀起激烈的抗日運動，還有被稱爲「土匪」的集團「占據各地，不務正業地四處掠奪。如果試著想像一下日本山賊的話，就能夠了解土匪的可怕之處了」（出處同前）。不過日軍似乎無法分辨作亂的土匪，與一般民衆發起的抗日運動的區別，因此一度平定的動亂，不久之後就又馬上出現其他的騷動。一邊擔心著地區性疾病，一邊得不斷挺進對抗著抗日勢力，日本士兵們心中的悲壯可想而知。

在激烈的抗日運動下，產生了許多的犧牲者。「因戰死和遭殺害的臺灣民衆推測總計有一萬四〇〇〇人」、「相較之下，戰死的日本軍人數爲二七八人」（皆出自前引《台湾》）。

明治之世，日本重生爲一個全新的國家不到三十年，已經取得了新的領土。雖然是一座有「土匪」和原住民族、地區性疾病和毒蛇雜處的島嶼。日本一開始占領臺灣的頭三年，總是和土匪、原住民族、地區性疾病、毒蛇等持續對抗著，一邊留著大量的鮮血，一邊以猛烈的速度占領這座島嶼。

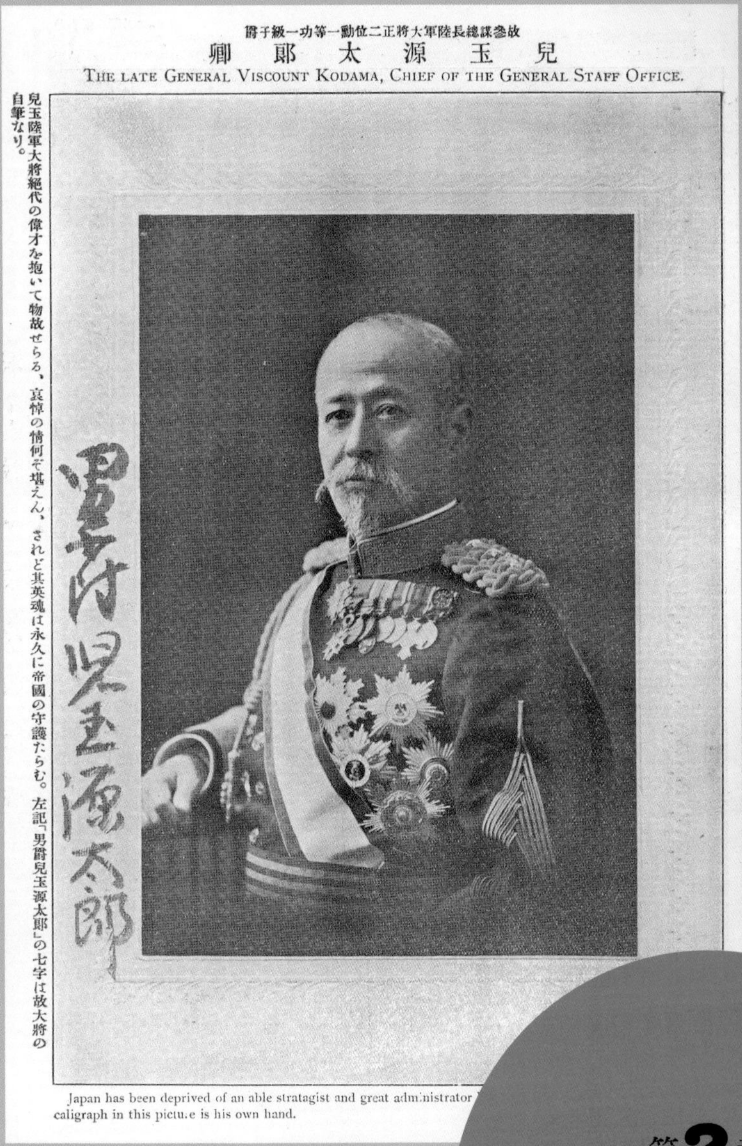
故參謀總長陸軍大將正二位勳一等功一級子爵

兒玉源太郎卿

THE LATE GENERAL VISCOUNT KODAMA, CHIEF OF THE GENERAL STAFF OFFICE.

兒玉陸軍大將絶代の偉才を抱いて物故せらる、哀悼の情何ぞ堪えん、されど其英魂は永久に帝國の守護たらむ。左記「男爵兒玉源太郎」の七字は故大將の自筆なり。

Japan has been deprived of an able stratagist and great administrator
caligraph in this pictu.e is his own hand.

第2章
悍馬雙人組
1898-1905

◉兒玉源太郎。附有親筆簽名。另外寫著「絕代偉才物故，哀悼之情何堪」。

◉「大日本帝國鐵道全圖　明治二十九年六月　明治三十五年五月增補」。當時只鋪設了從基隆到新竹的鐵路。島上被分為「生蕃」、「熟蕃」兩大部分。

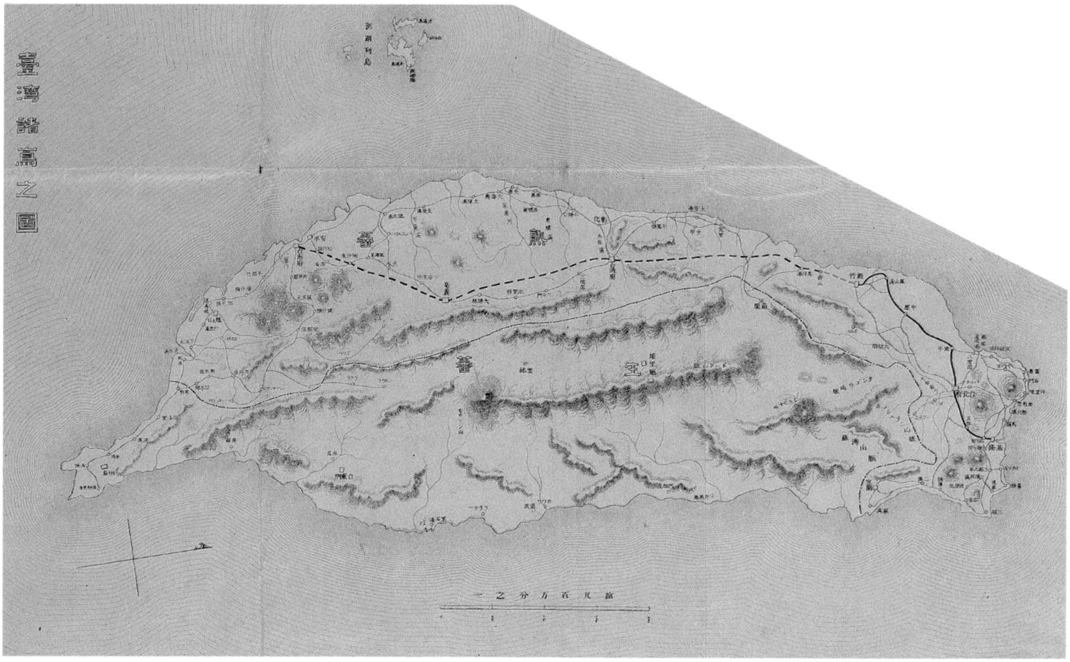

一八九八……（一月）〈第三次伊藤博文內閣成立〉
（明治三一）（二月）乃木希典總督調職。兒玉源太郎出任第四任臺灣總督
（三月）後藤新平就任民政局長
（四月）制定原住民土語翻譯特別津貼，獎勵學習蕃語
頒布漢文版「鴉片罰則規定」
（五月）《臺灣日日新報》發刊
各地鼠疫疫情嚴重，死者達七百零九人
（六月）〈大隈重信內閣成立〉
（七月）頒布臺灣地方稅規則
（八月）開始臺灣人女子教育
頒布保甲條例
（九月）開設總督府土地調查局
（十一月）頒布匪徒刑罰令。開始討伐南部土匪

一八九九……（三月）頒布臺灣事業公債法
（明治三二）頒布臨時臺灣鐵路鋪設部官制
頒布總督府醫學校官制
頒布總督府師範學校官制
（四月）臺灣神社地鎮祭
頒布臺灣下水道規則
（六月）開設總督府臺北醫院
頒布臺灣樟腦局官制
（九月）臺灣銀行開始營業
（十二月）開始電匯業務

一九〇〇……（二月）成立臺北天然足會。推動矯正臺灣婦女裹小腳習慣運動
（明治三三）（四月）總督府學務課公學校教科書《臺灣公學讀本卷一》發刊
（六月）淡水河護堤工程完成
總督府調查隊發現阿里山大森林
（八月）頒布臺灣汙物掃除規則
（九月）全島鴉片經常吸食者調查
（十一月）臺南——打狗（高雄）之間的鐵路開通

一九〇一……（二月）新渡戶稻造受後藤新平的招聘來臺
（明治三四）（五月）頒布總督府專賣局官制。控管樟腦、食鹽、鴉片買賣
臺北、臺南鼠疫大流行。開始採取血清療法
（十二月）後藤民政長官指示連同地方官僚在內，掃蕩不法日本人官吏

一九〇二……（一月）開始受理鴉片購買吸食者特別許可鑑札〔特別購買許可證〕登記

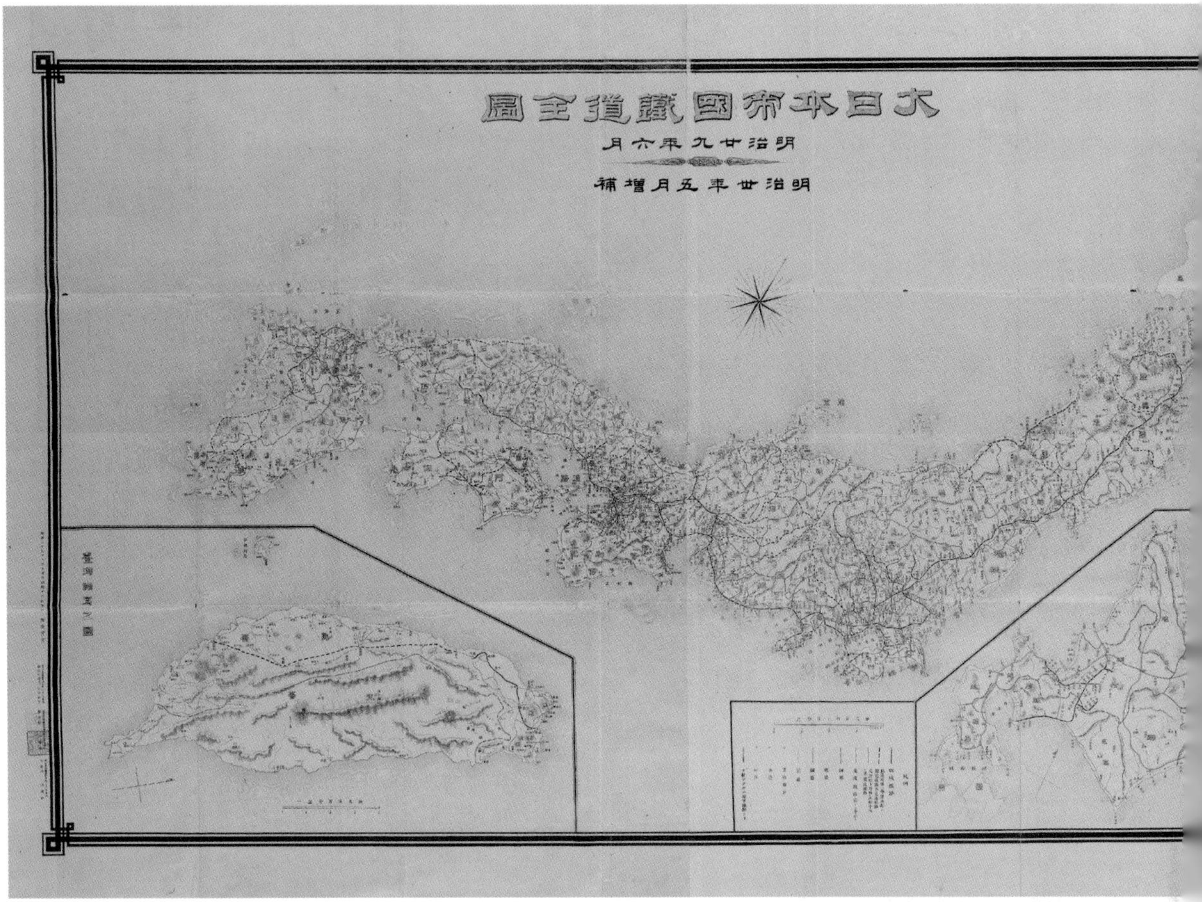
大日本帝國鐵道全圖
明治廿九年六月
明治卅年五月增補
臺灣嶋之圖

18 An Old Castle-Gate and a sedan chair Formosa. (臺灣情調) 舊城門と轎
少し大きな町は皆外匪を防ぐ爲めに城壁を以て圍まれ數個の城門に
よつて外部との交通をして居ました。轎は今尚用ゐられて居る交通
機關の一つで纏足をした婦人の遠路にはなくてはならぬものでした

3

◉「舊城門與轎」的明信片。上頭寫著「稍有規模的城鎮為了防止外來的匪徒攻擊，都會建造城牆防護，透過數個城門對外連結往來。轎是目前仍在使用的交通工具之一，同時也是裹小腳的婦人出遠門時必要的交通工具」。

(明治三五)（二月）臺南博物館開館
（三月）臺灣製糖公司首度輸出砂糖製品
（九月）神戶——基隆之間的定期航線，由每週兩班船增加為每週三班

一九〇三……（二月）允許開展水力發電事業
(明治三六)（十二月）頒布設置臺灣守備司令官之令

一九〇四……（二月）〈日俄戰爭爆發〉
(明治三七)（五月）臺南製糖株式會社成立總會
（六月）發行臺灣銀行券
（十一月）開始原住民蕃童教育

一九〇五……（一月）〈旅順遭占領〉
(明治三八)（二月）廢止國語傳習所官制，改實行公學校官制
頒布蕃人公學校規定
（五月）俄國波羅的海艦隊接近，全島施行戒嚴令
（十二月）兒玉源太郎凱旋而歸，於淡水館舉辦盛大的歡迎會

6

⊙照片上應該是臺北的西門，已經架設了輕便的鐵軌。

7

⊙臺北的城牆。日本統治之初，作為臺灣首府的臺北，是一座如同照片中被城牆包圍住的城鎮。

4

5

⊙〔上〕在臺灣農耕時常會使用的水牛，對日本人而言是讓人感受到異國風情的代表事物之一。

⊙〔下〕描繪吸食鴉片的景象。另外寫著「吸食鴉片時在煙針的尖端取少量的鴉片用火烤至膨脹後，用指甲或煤油燈的燈罩座搓揉數次後塞入鉛管中，靜靜地吸食的話，鴉片就會燃燒成煙，然後就會把為害人體的毒素送進吸食者的體內。本島人喜好吸食鴉片的程度，更甚內地人喜愛飲酒。」〔本島人指的就是臺灣人，另外內地人指的是日本人。在日本統治時期，本島與內地的用法具有表現日本與臺灣之間，統治與被統治的關係，所以全書原則上保留本島人與內地人的用法。〕

8

⊙「臺灣公學校女學生戶外運動」景象的明信片。公學校是臺灣人子女就讀的學校。每個女學生都是長髮並且編成一條辮子。

9

◉「臺北全景」。另外寫著「臺北是由城內的大稻埕及艋舺構成的本島首府，也是臺灣總督府的所在地。人口約一七八萬，房屋多由紅磚建造而成…中略…照片是從測候所樓上拍攝的。」

10

◉開始同時出現近代化的西洋建築與日式民宅的臺北城。

11

◉「台灣神社」。明治三十四年落成，是臺灣社格最高的神社，裡頭供奉著大國魂命、大己貴命、少彥名命，以及第一位登陸臺灣的軍人——北白川宮能久親王。

第二任臺灣總督是桂太郎（一八四八～一九一三），第三任則是乃木希典（一八四九～一九一二）。

之後出任日本首相，並且是歷任的日本首相中，在任天數最長，出身長州的桂太郎，於一八九六（明治二十六）年間短短的四個月出任臺灣總督，而且「只在始政式上露臉後，就回國了」（竹中信子《殖民地台湾の日本女性生活史1（明治篇）》田畑書店），在臺的時間相當地倉促。

另一方面，和桂太郎同樣出身長州藩的軍人，指揮日俄戰爭的旅順包圍戰，同時也因爲負責昭和天皇的教育，而爲人所熟知的乃木希典，則是帶著母親和妻子前往臺灣赴任，由此可以看出乃木希典的決心。不過，正如同一般對於乃木希典所描繪的嚴謹正直形象一樣，頑固的乃木看到的臺灣是：「盡是利欲薰心的貪汙……中略……日本人的粗暴與低劣，自然會招來被支配者——臺灣人的輕侮」（出處同前），加上臺灣被稱爲「土匪」、「匪徒」的武裝集團不斷地在臺灣各地引發動亂，然而無論乃木對肅整綱紀、鎮壓土匪投入了多大的心力，最後卻只招來內外的反彈。

領臺初期前往臺灣的日本人「衣容不佳，品行惡劣，生活態度差」（出處同前）形象不佳，還擁有臺灣人覺得可恥的習慣，比如「暴力」、「爛醉」，以及「裸體」等。因爲即使在臺灣被稱爲苦力的勞動者，也絕對不會在公開的場合光裸著身子。

「爲什麼日本人能夠這麼若無其事地在人前光著身子呢？」

的確，這對於現代的日本人而言，也是很難想像的「裸體」習慣，該說是落落大方嗎，似乎倒也還挺稀鬆平常的。不過，浮世繪中也極爲平常地描繪出把和服的下擺往上折，完全露出兜襠褲的男性，甚至戰後也留下了不少在礦坑或是在海邊工作的女性們，只在腰間綁著一條帶子的照片。

只是臺灣眞的很酷熱，熱到受不了。

「被擺了一道，到底爲什麼會到這種地方來呢？」

「嗯……不是你找的嗎？」

悶熱的夜晚，裸著身子睡在路邊的夫婦這麼對話著。不知道是因爲在日本國內失去了自己的歸屬，還是想搶在最前頭賺一筆投機之財，總之當時許多渡海來到臺灣的日本人，沒有覺悟也沒有韌性，人品也稱不上優秀，即使不是這一類的人，也因爲生病而無法長期待在臺灣。乃木總督的母親也在渡臺後不久，就因爲高燒併發肺炎去世，葬在臺北。

在這樣的背景下，乃木「把警察、憲兵、軍隊的負責範圍作了地理性的配置，改實行所謂的『三段警備』制」（小林道彥《児玉源太郎》ミネルヴァ〔minerva〕書房）等，努力地調整職務，但是軍部內有薩摩和長州兩個藩閥之間的對立。結果在沒有達成重大成果的情況下，在臺一年四個月後，乃木希典就離開臺灣了。明治天皇駕崩時，選擇自殺殉死的乃木希典，在當時來看，這樣的人生給人何其不幸的悲劇印象。

總之，這個日本的第一個殖民地，是一座即便付出了這麼多的犧牲，距離安定仍舊十分遙遠，比想像中還更難統治的島嶼。因此「日本官民中還出現了應該以一億日圓的價格，把臺灣賣給法國的『賣臺論』」（伊藤潔《台湾》中公新書），就在這個艱困的時候，出任第四任臺灣總督的正是出身長州藩，官拜陸軍中將甚至被稱爲「陸軍至寶」的兒玉源太郎（一八五二～一九〇六）❶。

背負著「即刻讓臺灣的經濟能夠自立自強使命」的兒玉，在「孩童時被稱爲神童」（以上皆出自前引《殖民地台湾の日本女性生活史1》），對於臺灣的問題已經有相當程度的掌握。也因此兒玉必須要有一位能夠迅速地了解自己的想法，並且擁有解決臺灣各項問題能力的心腹。這時兒玉腦中浮現出的名字是後藤新平（一八五七～一九二九）。出身陸中國水澤的醫師——後藤，與兒玉看似毫無關係的，實際上在這之前，兒玉和後藤曾經一起完成重大的任務。

那是在一八九五（明治二十八）年，中日甲午戰爭結束後不久的事。戰爭結束後，士兵們一齊返回日本。當時「軍隊凱旋而歸後的檢疫問題，該如何阻止霍亂登陸，甚至傳播到內地」（出自前引《兒玉源太郎》）的這項課題，直接衝擊了當時擔任陸軍次官的兒玉。由於出征部隊中已經有不少人感染了霍亂，如果就這樣讓他們登陸的話，霍亂恐怕會在全日本蔓延開來。過去就曾經發生過「西南戰爭時，長崎的中國船是霍亂的感染源，但是因爲凱旋而歸的軍隊強行地前往東京，導致霍亂蔓延到滋賀縣」（出處同前）的慘痛經驗。面對中日甲午戰爭後的軍隊檢疫問題，當時兒玉想到的正是後藤新平。

當時三十八歲的後藤新平，在某種程度上已經是名人了。因爲後藤新平有過「不等官令就直接替遭到暴徒刺傷的板垣退助治療」，甚至在子爵家騷動時，「突然被捲入其中，結果造成後藤因此入獄一年多」等特殊的經驗（出處同前）。在這個事件之中，後藤最後雖然被判無罪，但是後藤新平的評價也因此不佳，如果要用一句話來形容後藤新平的話，那就是一匹無法輕易駕馭的野馬。也因此「世間很快地就稱他爲悍馬〈暴馬〉」（鶴見佑輔《〈決定版〉《正伝・後藤新平3（台湾時代一八九八～一九〇六）》藤原書店），兒玉對於這樣的後藤新平，雖然知道後藤的性格和自己不同，不過可能也因此感覺到兩人的共通之處。

中日甲午戰爭後面對軍隊的檢疫問題，當時兒玉新成立了「臨時陸軍檢疫部」，除了由自己親自擔任檢疫部長以外，還賦予後藤相當於次官的地位。在把軍功看得比什麼都還要重的軍人世界裡，兒玉竟然把防疫全權交給一個完全沒有作戰經驗的文官——後藤，周遭因此掀起一股激烈的反對聲浪。不過，在兒玉這個強而有力的後盾之下，誰也都不敢站出來直接批評這個決定。整備好檢疫環境，同時取得了充分的預算後，後藤也極盡地發揮才能。後藤在廣島的似島等三地成立了檢疫所，導入最新的蒸氣消毒氣罐，花了大約四個月的時間完成了「六八七艘船、二十三萬人」（出自前引《兒玉源太郎》）的大規模檢疫工作，霍亂也因此沒有在日本蔓延開來。

由於有過這個成功的經驗，所以兒玉在接任臺灣總督一職時，想必腦中浮現的就是由後藤新平擔任民政局長一職吧。兒玉相當清楚地了解到，想要成功地統治這個曾經被稱爲「化外之地」的島嶼，最重要的「醫療知識是不可或缺的……中略……因此必須要有具備傳染病、醫學知識的官員」（出處同前）。

另一方面，因爲前述「臨時陸軍檢疫部」的成功，再度擔任內務省衛生局長要職的後藤新平，也被囑託爲臺灣總督府的衛生顧問，因此出任前已經親自確認過臺灣的實際情況。其中對於吸食鴉片的惡習[5]，後藤新平提出既不嚴禁，也不完全不禁止的「漸進論」也獲得採納。

即便如此，對於後藤新平就任民政局長這個重要的職位，來自各方質疑「區區一個衛生技官知道政治的事情嗎？」的意見炸裂開來。其中對後藤新平就任民政局長一事甚爲憂慮的是，當時的大藏大臣——井上馨。對此，後藤向井上大藏大臣提出了長長的一篇「臺灣統治救急案」。在這個救急案中，後藤極爲系統性地指出早期安定臺灣的具體對策，甚至還具體地分析了臺灣人的特質。井上馨讀完後十分認同這個救急案的內容。

一八九八（明治三十一）年三月二十日，後藤新平在桂太郎的帶頭下，鏗鏘有力地三聲萬歲歡送聲中，從新橋站出發前往臺灣。後藤從神戶轉搭乘臺中丸，途中兒玉源太郎從下關上船。這兩個剛烈暴躁之人，以總督和民政局長的身分，充滿幹勁地前往臺灣。

三月二十八日船隻抵達基隆。臺灣的治安惡劣就如同傳聞一樣，「即便是臺北城，每天一到傍晚五點就會緊閉城門，禁止進出」（出處同前《正伝・後藤新平3》），讓人不禁感受到一股強烈的緊張感。

抵達臺灣後，總督通常會先被要求進行施政方針演說。兒玉因此命令後藤撰寫演說草稿，後藤聽聞後表示：「不發表演說比較好吧。」這意味著應該要捨棄歷代總督的這項無謂之舉，兒玉馬上理解了這個意思。兒玉源太郎是一個頭腦非常好的人，對於這一點，受聘爲總督府技師，之後成爲糖務局長的農學家新渡戶稻造也曾經寫下：「（兒玉的腦筋）就像是閃電般動得疾快並且敏銳」（出處同前）。

「臺灣的統治方針，就是無方針」，這就是兒玉總督當時發表的治臺方針。相較於至今爲止，總是提出冠冕堂皇的方針，「只有空口白話」的總督，兒玉簡潔有力的發言，瞬間給人極爲不同的印象。

「就算想要把比目魚的眼睛變得跟鯛魚一樣，但那是不可能的。生物學的原則就是必須要重視各種生物的習性」（出處同前）。

總是把這個「生物學原則」掛在嘴邊的後藤，一開始出任的職位是民政局長，這個職位在六月時改稱爲民政長官，兒玉想要藉此把後藤放在離自己最近的位置。這個決定引來武官們更多的不滿。不過後藤新平也是個直腸子的人，喜怒哀樂的強烈表現「無人能比」（出自前引《殖民地台湾の日本女性生活史1》）。對於這樣的情況，當時的兒玉不是對隨時抱持辭職去官覺悟的後藤，而是斥喝原是自己部下的武官們。就這樣一掃周遭的疑慮後，剛烈暴躁的兩人可以說是相當地契合。

兩人首先從簡化舊有的地方制度開始著手，「伴隨而來的就是大幅地裁減總督府的冗官。竟然有高達一〇八〇名的官僚遭到裁撤」（前引《兒玉源太郎》），進行了大規模的裁員。此舉勢必招來抗議，不過兒玉源太郎可是位具有扭轉局勢的膽識之人。體型嬌小的兒玉卻有著一副極大的嗓門，據說「在臺北發號司令的話，就連在臺灣南端的恆春也聽得到」（出自前引《殖民地台湾の日本女性生活史1》），如果被這麼宏亮的聲音，條理性地說明、斥責、嚴格命令的話，對方應該會說不出話來。

在這樣的情況下，兒玉和後藤提出了十二項統治政策：

一、由警察負責殲滅土匪
一、建設官舍
一、改善獲重用官吏之待遇
一、制定稅法
一、普及日語
一、令官吏學習臺語
一、廢除清代的苛政酷刑，改善監獄
一、達成建港目標
一、獎勵沿岸航海、內臺航海
一、開通道路以利馬車通行
一、寬容處理鴉片問題
一、不急切地處理生蕃問題

（同前）

兒玉總督非常地繁忙，在任職臺灣總督期間，「一九〇〇年十二月兼任第四次伊藤內閣的陸軍大臣，一九〇三年七月擔任第一次桂內閣的內務大臣」（出自前引《台湾》），除此之外，也出任文部大臣、陸軍參謀本部次長、滿洲軍總參謀總長等，經常兼任其他要職，因此也被稱爲「缺席總督」，但是在面對需要決策的時候，仍舊會果斷地下決定，也因此當兒玉制定好統治方針後，就全都委由後藤負責。兒玉本身是軍人，似乎認爲軍人不應該站在殖民統治的檯面上。後藤新平因而能夠充分地活躍表現，在統治臺灣時代以政治家之姿大展光芒。

在土匪對策方面，兒玉和後藤推出「土匪招降策」的歸順政策。投降並且歸順的土匪就會被認定是良民，並且讓他們投入當時人手極爲不足的土木工程。另一方面，對於不歸順的土匪則進行澈底的討伐。從明治三十年到三十四年期間「遭逮捕的土匪爲八〇三〇人，其中遭到殺戮的有三四七三人，明治三五年的大討伐中，被處以死刑者有五三九人」（前引《兒玉源太郎》），留下相當血腥的數字。除了殺戮以外，被判處死刑的人數也相當地多，這顯示以罪犯的身分遭到判刑的土匪也不少。

在當時所謂的土匪就是無賴之徒的集團。不務正業，一看不順眼就隨意攻擊、搶奪、殺人。如果這些人把日本人當作攻擊目標的話，就會發展成抗日游擊戰。不過，也有良民被誤認爲土匪，因此轉而參與抗日活動。也因此兒玉總督採取「對投降的土匪進行詳細的訊問，並且製作政治戶籍，以避免無差別的殺戮」（出處同前）政策。

此外，建造完備的官舍也是當務之急。在這之前官吏、士兵來到臺灣的話，單身、隻身赴任的人，混居在環境相當惡劣的官舍裡。這樣的情況無論從精神層面還是衛生方面來看，對風紀也會帶來不好的影響。兵舍則是沿用清朝士兵曾經使用過的日曬磚建築，由於衛生環境惡劣，因此當時罹患疾病的人比因戰受傷者還多。也因此把妻子一同帶來臺灣的兒玉總督，也急於建造可以和家人一起生活的官舍。在一番努力之下，據說「從三十一年的春天左右起，原本幾乎被從事特種行業的女性占據的臺北，開始變成一般婦女也逐漸增加的良好環境」（出自前引《殖民地台湾の日本女性生活史1》）。這顯示臺北已經逐漸整備成女性、孩童也能安心生活環境。

12 ◎〔上〕臺灣銀行發行的壹圓券。明治三十二年成立的臺灣銀行是商業銀行，同時也是能發行紙幣的銀行。

13 ◎〔下〕設置於臺北市的臺灣銀行總行的外觀。

鋪設鐵路、開墾森林、開通道路、架設橋樑、延展上下水道、在經過整地的土地上建造神社，一切開始全面一新，這段時期臺灣的變化就像是在看快轉影片一樣。兒玉等人剛到臺灣時，當時的臺北「由仍舊是水田等閒散的城內，和極爲繁華的大稻埕、艋舺地區所構成」（出處同前），之後城內開始陸續建設行政機關、文化設施等，拉起電線，街道的風貌也煥然一新。◆9做生意成功的臺灣人也開始進入臺北城，取而代之的是，開始出現日本人往城外尋求住所。西門◆6一帶開始出現了新的娛樂設施等，不過因爲當時老舊的建築多，首先拆除了因爲環境不衛生，曾經成爲鼠疫、霍亂等溫床——艋舺一帶的老舊建築，取而代之的料亭等開始出現。望向淡水河的景色，瀰漫著異國風情，同時也彷彿像是置身於隅田川。

隨著基礎設施的整備，另一方面急需進行的是產業的創出。首先留意到臺灣糖業的兒玉、後藤雙人組，一九〇一（明治三十四）年招來前面提到的新渡戶稻造來臺擔任總督府技師。其他如養蠶、臺灣稻米、烏龍茶等，也具有發展潛力的產業，則要求日本財閥予以協助，令其提供資本，反之給予莫大的權利保障。

「總之必須要近代化，各方面全

都採用超越內地的技術與方法，必須盡早達到經濟自立的臺灣，雖然是日本的殖民地，但是也必須具有一定程度的獨立性，這是才是統治臺灣之道。」

因此，對日後將成爲勞動力的兒童施行教育，也是必要之舉。無論要教什麼，首先應該先讓他們學習日語。還有環境衛生也不能忽視。如果把糞便和味噌搞混了，這可是很傷腦筋的啊。此外，還要捕抓老鼠、不讓蚊子大量孳生。就在這些政策開始影響一般臺灣人生活的這段時期，老早就和後藤開始往來的正是御用紳士的代表──辜顯榮。

爲了協助日本軍兵無血刃入臺北城一事竭盡心力，進而走上榮華顯貴之路的辜顯榮，在僅僅約三年的時間裡就成功地展開輪船、生產樟腦等事業。不過這也因此招來了憤恨，不知在什麼樣的情況下，辜顯榮引來當時臺中知事的不滿，因而入獄。當時在臺灣最成功的名人遭受這樣的待遇，在民間引起了不小的騷動，爲此乃木前總督還動用關係，讓辜顯榮出獄。不過這件事卻令辜顯榮意志消沉，還因此病倒了。想不到自己爲日本人如此地盡心盡力，稍有不滿就被迫下獄的絕望感，與對日本的不信任感十分強烈。

這時在某人的介紹下，辜顯榮來到臺北拜訪後藤新平。

「……握手歡談，藹然如故。詢及余近狀，余以獄事身自咎。公慰撫曰，君受屈僅五十餘天，余則有百余日……」（握手歡談，這和樂的氣氛是因爲會見友人之故。公問及我的近況，我對收監一事深深地自責。公安慰我說，你所受的屈辱不過僅僅五十多天，我則有一百多天……）

在這次的會面中，辜顯榮對後藤新平十分地感佩。之後後藤向辜顯榮詢問土匪對策的意見時，辜顯榮表示：「唯地方不得靖，皆因在鄉紳士失團防之力。故匪徒恣意出沒」（以上皆自前引《正伝‧後藤新平3》），提出重整保甲制度，與配備自衛所需武器的必要性。

從清代開始施行的保甲制度是「規定十戶爲一『甲』，十甲爲一『保』。保有『保正』，甲有『甲長』[17]」（《台湾史小事典》中國書店），也就是所謂的地方自治制度。兒玉將這個制度重整、發展，進而「在警察的管轄之下，施行連坐制，互相監視、互相密告」（出自前引《台湾》）發揮各種功能。保甲制度對於戶口（戶籍）調查、搜查土匪、預防

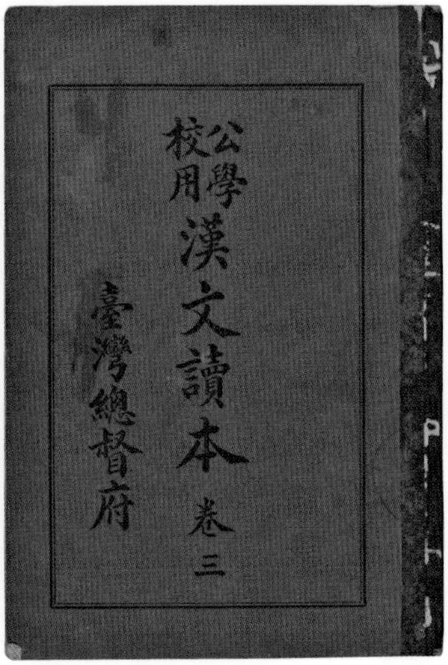

14

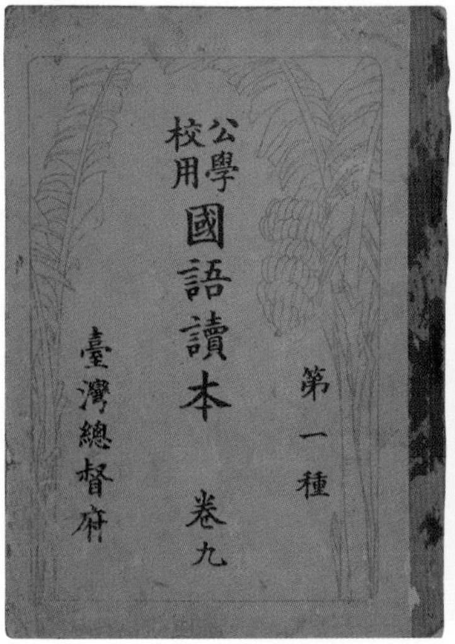

15

◉公學校使用的國語（日語）讀本與漢文讀本。臺灣人子女首先要先學日語，另一方面也有漢文課程。

傳染病等，發揮了相當有效的功用，不過問題是武器。

「我不管這辜顯榮究竟是什麼人，不過聽從這些臺灣人說的話，要把武器交給這些傢伙，這是怎麼一回事？」

這時軍部對這件事感到十分憤怒。軍部指出，如果臺灣人擁有武器，就會反過來襲擊日本人，到時該如何因應呢？因此認爲應該斷然地拒絕辜顯榮的提議。沒想到這時反而是兒玉總督震怒，一聲令下決定立即交付武器。「這次的總督和民政局長，和以往完全不同，屬於果決的行動派。」

這麼一來，辜顯榮也聚集了奮勇的夥伴，立刻在臺北成立了保甲總局，同時也開始呼籲地方有力人士的協助。就這樣不到兩個月的時間，島內各庄設立了保甲局。過去總是爲所欲爲的土匪們，因爲各個村落配備了良好的武器，因此無法隨意攻擊。

「如果一直這樣下去的話，遲早會被日本人殺掉。要是眞心悔改的話，現在這個總督會原諒你們的。而且還有工作可做，總之就照我說的話做吧。」

不少土匪在各地保正的說服之下，選擇歸順。即便不願意歸順選擇逃跑，最後也還是會遭到討伐。

在臺灣人的協助下，採用臺灣人習慣的方法使其情緒穩定，甚至還讓臺灣人協助土匪歸順。仔細想想這好像是理所當然的，不過在這之前的總督卻做不到。後藤主張的「生物學統治原則」在治臺上有了妥善的運用。

不過，剛到任之初巡視島內時，不論是兒玉還是後藤都乘坐著華麗的轎子，帶著幾名部下，宛如大名出巡般，藉此先誇示地展現自己的立場和力量。

「總督大人來了。」

「這位好像就是新任的民政長官大人。」

被稱爲本島人的臺灣人和被稱爲內地人的日本人，立刻就對兩人留下強烈的印象。就在兩位特立獨行、剛烈之人——兒玉與後藤，四處活動的八年多裡，爲臺灣打下了現代的基礎。在長達五十年的日本統治期間，這段時間可以說是變化最劇烈的時期了。

16

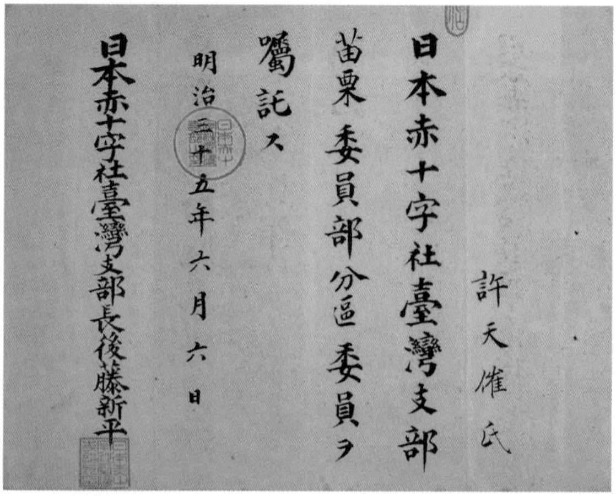
許天催氏
日本赤十字社臺灣支部
苗栗委員部分區委員ヲ
囑託ス
明治三十五年六月六日
日本赤十字社臺灣支部長後藤新平

◉留有「後藤新平」署名的日本紅十字會臺灣支部委員的委任狀。

17

◉「甲長」牌子。任期兩年沒有薪水的職務。

1

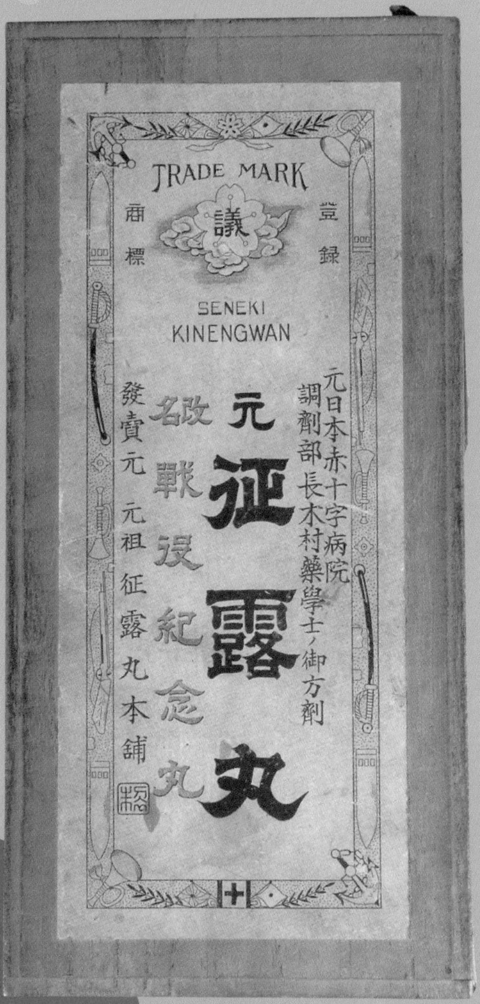

第3章 成爲搖錢之島
1906-1909

⊙現在依舊為人所熟悉的「征露丸」〔正露丸〕。原有的經銷商——元祖征露丸本舖推出的「改名戰役紀念丸」，上頭還寫著「前日本紅十字醫院藥劑部部長」的「御用藥」。在容易感染痢疾的臺灣這應該是至寶。

2

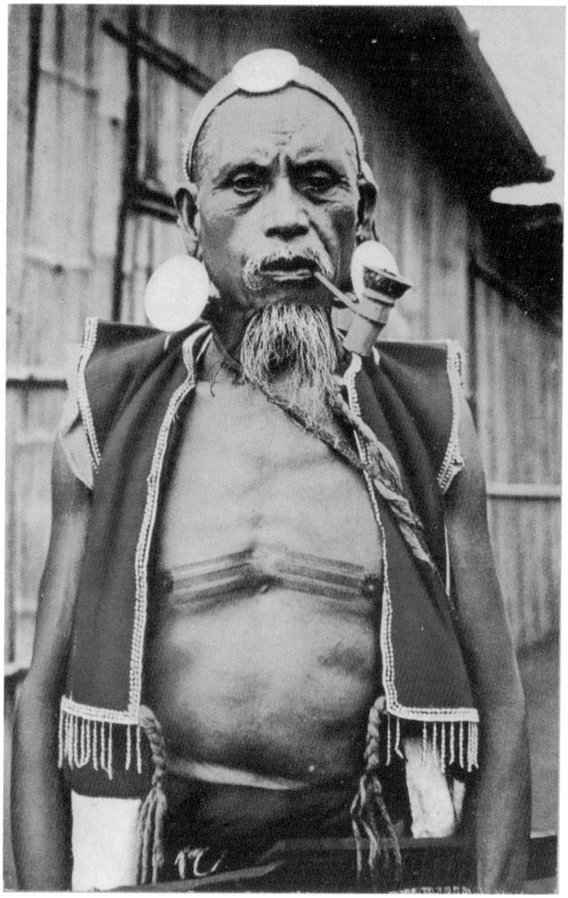

⊙原住民族長者。連胸膛都有刺青，顯示這名長者從年輕時就是勇者。

3

⊙以「臺灣ノ田舍少女」〔臺灣的鄉下少女〕為題的照片。可以看到這名少女已經開始裹小腳了。

4

⊙拿著槍的原住民族。當時被稱為「生番」的原住民男女，有不少人都擁有美麗深邃的輪廓。

5

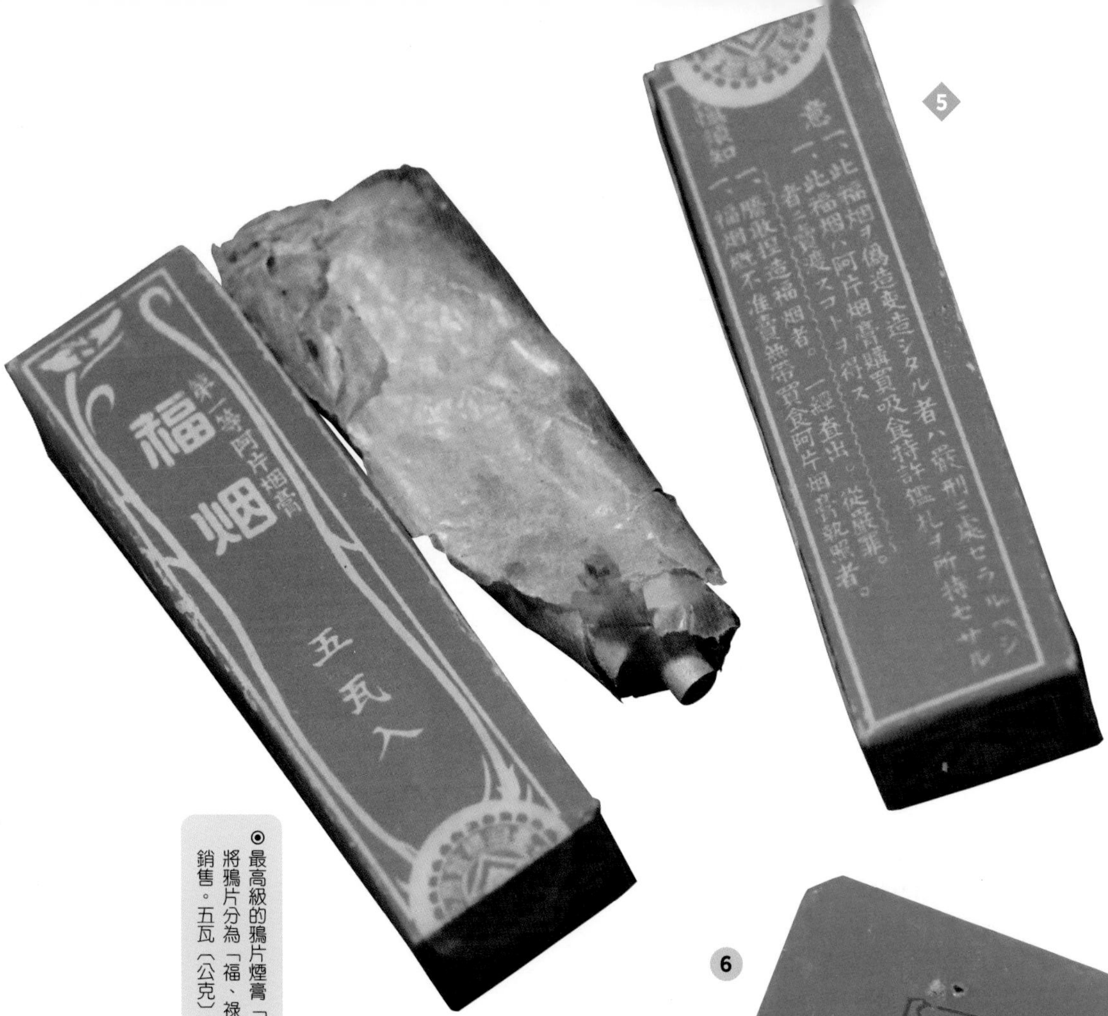

⊙最高級的鴉片煙膏「福烟」。總督府將鴉片分為「福、祿、壽」三個等級銷售。五瓦（公克）可以抽幾次呢？

6

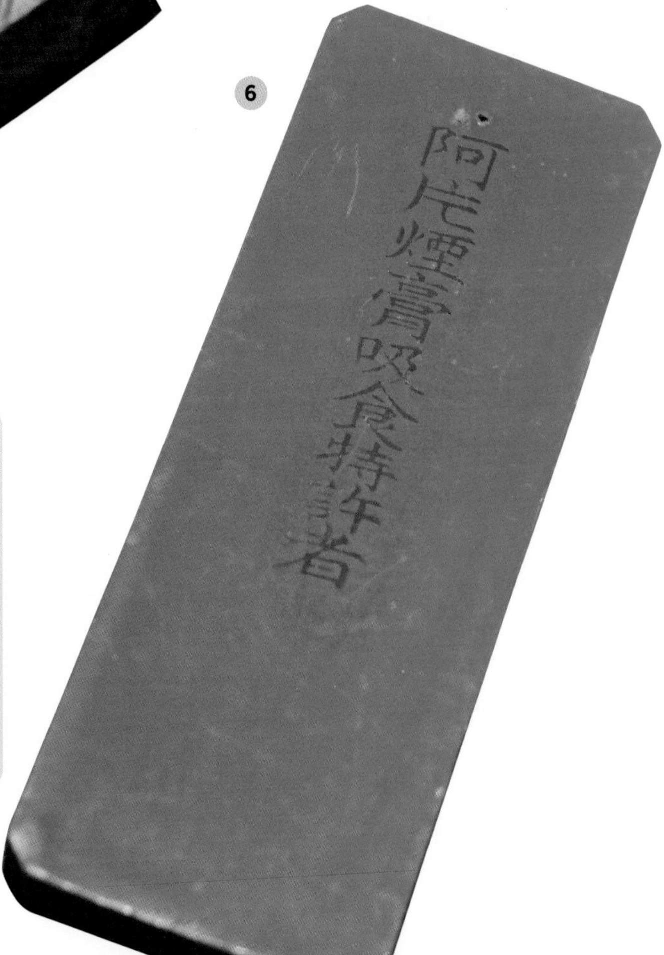

⊙全紅的牌子上寫著「阿片煙膏吸食特許者（特准吸食鴉片煙膏者）」。有了這個牌子後，誰都可以合法地購買鴉片。

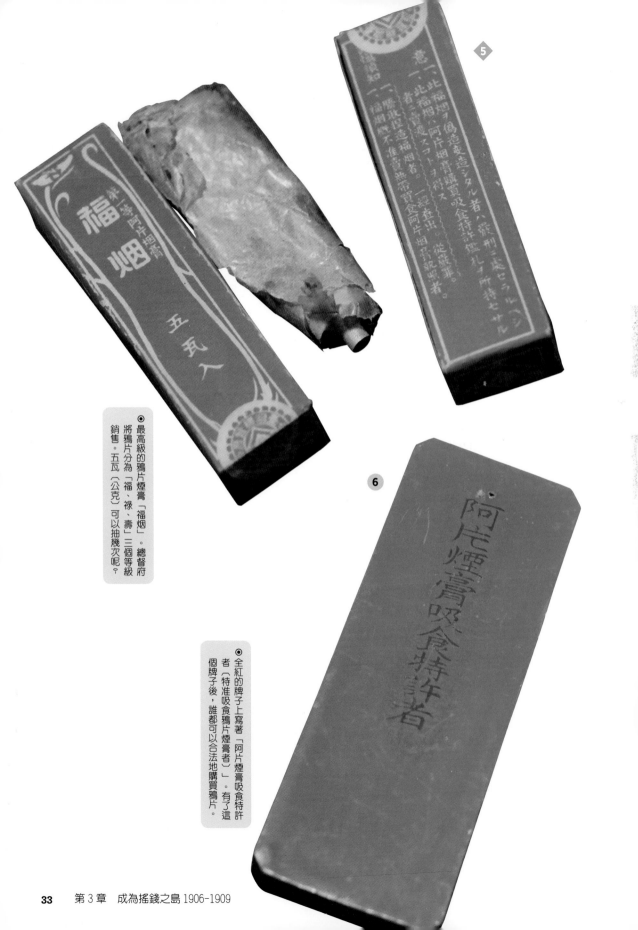

一九〇六……（一月）〈第一次西園寺公望內閣成立〉
（明治三九）
（二月）公布臺灣種痘規則
（三月）〈白洋舍成立；大日本麥酒株式會社成立〉
（四月）兒玉源太郎臺灣總督一職，改由具有功勳的子爵——陸軍大將佐久間左馬太接任。後藤新平因治臺功績受封爲男爵
〈雅典奧運開幕〉
（五月）〈新宿御苑開園〉
（七月）於臺南大目降開設總督府糖業試驗場
前任總督兒玉源太郎突然過世
（八月）淡水館閉館（因建築物受損嚴重，十分危險）
（九月）〈日本煙Golden Bat開始銷售〉
（十一月）後藤新平出任臺灣總督府顧問
（十二月）臺北——臺南間的長途電話開始通話
明治製糖株式會社成立

一九〇七……（一月）臺北發生鼠疫疫情，公告新增二十六名患者
（明治四〇）
〈股價暴跌，戰後經濟大恐慌〉
（四月）內臺定期航路大幅增加航班，神戶——基隆、橫濱——打狗（高雄）開始每個月兩班往返航班
臺北開始進行自來水工程
〈壽屋洋酒店（今三得利Suntory）開始銷售赤玉玻璃瓶裝紅酒〉
（七月）開通部分阿里山鐵路
（十一月）北埔事件。新竹北埔支廳遭到當地的客家集團襲擊，五十七名日本人遭到殺害

一九〇八……（二月）臺北傳出天花疫情
（明治四一）
（三月）開始著手改正臺北艋舺（萬華）的市區規劃。街道近代化
（四月）南北縱貫鐵路全線開通（基隆——打狗（高雄））
臺灣大稻埕共濟醫院完工
（五月）臺北傳出鼠疫疫情，感染者人數一千二十九人，死者八百二十八人
（七月）〈第二次桂內閣成立〉
（八月）頒布牛乳營業取締規則、清涼飲料水營業取締規則；進行澈底的衛生管理
（十月）臺灣總督府博物館開館典禮（紀念兒玉總督、後藤民政長官的紀念館）

◉坐落在臺北站前新落成的「臺北鐵道飯店」。純西式建築，來自日本及海外的賓客都投宿於此。

7

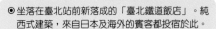

（十一月）位在臺北站前新落成的臺北鐵道飯店開張
（十二月）〈愛新覺羅溥儀繼任爲清朝皇帝〉

一九〇九……（一月）臺灣製糖株式會社的日本農業移居者（契約移民）約四百五十人來臺；宣布電話契約人數爲一千六百七十七人
（明治四二）
（二月）〈簽署國際鴉片會議決議〉
（五月）〈「味の素」開始銷售〉
（六月）開始內地［日本］——臺灣之間的新聞電報服務
（七月）臺北下水道工程完成；基隆電燈工程結束，開始送電
〈內閣會議決定合併韓國方針〉
（十月）〈三井聯名會社成立〉
〈伊藤博文在哈爾濱火車站遭到暗殺〉
（十一月）因改定鴉片令施行規則，指定鴉片經銷商

8

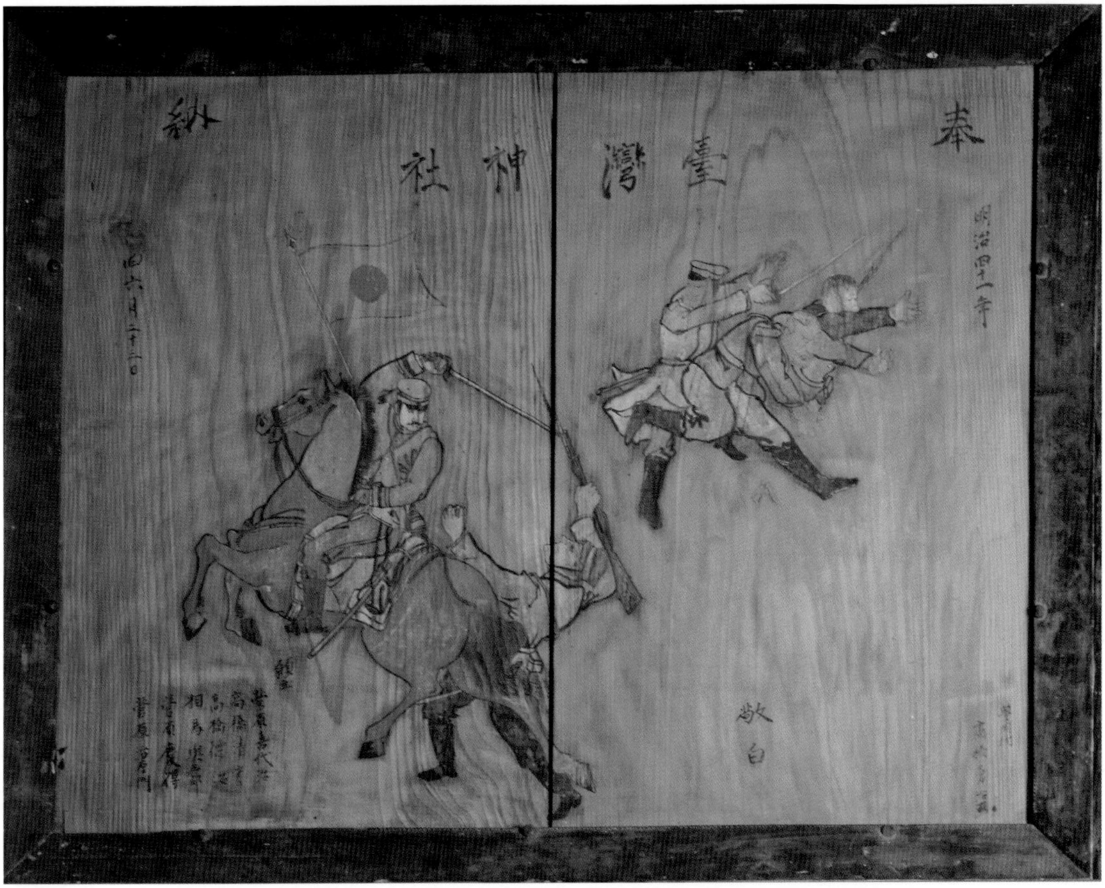

◉應該是為了紀念日俄戰爭獲勝後，奉納給臺灣神社的圖繪。上頭記著明治四十一年舊六月二十二日。

消息瞬間傳遍了日本列島，甚至也傳到了遙遠的臺灣。一九〇六（明治三十九）年七月二十三日，兒玉源太郎因爲腦溢血在睡夢中過世，享年五十五歲。這位鞏固臺灣基礎的人物，到四月爲止，出任第四代臺灣總督八年多，死得實在太突然了。

無論身爲軍人還是政治家都極爲忙碌的兒玉，在任職臺灣總督期間也陸續兼任了陸軍大臣、內務大臣、文部大臣、參謀本部次長等職務，甚至在過世的前一年才剛結束的日俄戰爭中，還擔任滿州軍總參謀長。也因此兒玉幾乎不在臺灣，所以「被稱爲『缺席總督』」，「實際上統治工作全都交由後藤民政長官負責」（伊藤潔《台湾》中公新書）。兒玉在臺灣留下的最大功績是任命後藤新平爲民政長官（就任時的職稱爲民政局長），也因此後藤在兒玉的名義下得以自由地施展。沒有兒玉，後藤民政長官就不會誕生，若是沒有這兩個人在初期參與臺灣統治的話，想必殖民地臺灣將會呈現全然不同的景象。

結束了日俄戰爭的戰後處理後，等著兒玉的下一個職務是「南滿州鐵道株式會社設立委員會」的委員長，這是一項對俄羅斯撤退後的滿州，規劃全新發展藍圖的工作，不過兒玉在正式就任僅僅十天後就過世了。

就在過世的前一天，兒玉與正巧來到東京的後藤新平會面。據說兒玉當時「被強力催促就任滿鐵總裁一職」（小林道彥《兒玉源太郎》ミネルヴァ〔minerva〕書房）。臺灣已經沒有問題了，接下來就是經營滿州了吧。後藤似乎也依循了兒玉這項遺言，決定離開臺灣。已經被授予男爵的後藤，也被賦予「臺灣總督顧問」的名譽職，同時也通過了決議，將建設紀念他和兒玉源太郎的總督府博物館⑩。

就在新的建築物將著手建設的同時，另一方面，在兒玉死後不久的八月中旬，臺北的「淡水館」因爲老舊和市區改造而遭到拆除。這棟原本名爲「登瀛書院」的清代學堂，在日本統治後改名爲淡水館，成爲高級官僚、賓客的社交場所。在當時許多會議、面會等紀錄中都可以看到「於淡水館」的註記，想必兒玉和後藤應該也曾經使用過淡水館吧。之後「臺灣文庫」也成立於此，收有大量藏書，這棟建築的拆除，象徵著領臺初期還帶著濃厚清朝色彩的臺北街道將正式開啓新的變化。

取代淡水館的是一九〇八（明治四十一）年十一月開始營業的臺北鐵

⊙兒玉源太郎的雨中告別行列。告別行列綿延不絕。停下來目送告別行列的人們，呈現當時的風俗景象。

道飯店❼。這是一棟三層樓的西式建築，是一間從日常用品到餐具全都選用英國製的豪華飯店，臺北鐵道飯店成為臺北的新知名地標，在遭到空襲燒毀之前，持續地接待來自日本、海外的賓客。

出任第五代總督的是已經過了還曆之年的陸軍大將——佐久間左馬太。歷代總督中任職最長的佐久間被託付的任務便是，繼承並且持續地推動由兒玉、後藤推行已經上了軌道的各項政策。比如被稱為「理蕃政策」的原住民對策和各項基礎公共建設，醫療、教育環境的整備，以及必須迫切推行的產業政策。

對日本而言剛結束的日俄戰爭，其實逃過了無論是在人力還是財政方面，都已經達到極限無法繼續負荷的窘境，在千鈞一髮之際取得勝利的一場戰役。戰後總算也簽訂了朴茲茅斯和約，雖然俄羅斯被迫割讓樺太南部，日本因此成功地把俄羅斯趕出滿州和朝鮮半島，不過卻沒獲得戰爭賠償金。這個結果激怒了日本國民，日本依然，不，反而因為戰爭的善後變得比過去更貧窮。

在這樣的情況下，日本很清楚地體認到沒有縱容殖民地臺灣的本錢了。臺灣必須盡快地成為「賺錢之島」。

「首先最重要的產業，不就是砂糖了嗎？誘餌在後藤長官的時候就已經灑下了。是時候要呼喚螞蟻了。螞蟻指的就是財閥。」

誘餌指的就是「製糖廠取締規則」。根據這項規則「栽種的甘蔗必須販售給該地區指定的製糖廠，違者須受罰」（末光欣也《日本統治時代の台湾》致良出版社〔中譯本：光欣也著，辛如意、高泉益譯，《臺灣歷史：日本統治時代的臺灣：一八九五～一九四五年／四六年　五十年的軌跡》臺北：致良，二〇一二〕）。因此，只要是用日本資本建造總督府指定的大規模製糖工廠，鐵定穩賺不賠。而且在廣大的農地上可以鋪設簡易鐵路、造路，甚至還能擁有自己的發電所。進行這些工程當然需要許多的勞力，「當時〔蔗農〕占了所有農家的三分之一」（周婉窈《図說台湾の歴史》平凡社），蔗農無可奈何被吞沒進這股浪潮之中。緊接著臺灣製糖株式會社（一九〇〇年）、臺南製糖株式會社（一九〇四年）等成立後，從這個時期起，製糖

10

◉坐落在新公園裡的臺灣總督府博物館（臺北博物館）。原本是為了紀念兒玉源太郎和後藤新平在臺灣的功績而建造的博物館。

⑪

◎「大日本製糖株式會社臺灣支社事務所」。財閥體系的製糖工廠連研究所等設備都整備完善，將展開大規模經營。

公司陸續成立包括：

一九〇六（明治三十九）年　明治製糖株式會社（三菱派）、大日本製糖株式會社（藤山派）⑪

一九〇七（明治四十）年　東洋製糖株式會社（鈴木派）、大東製糖株式會社（同年和臺灣製糖合併）

一九〇九（明治四十二）年　林本源製糖株式會社（鈴木派）、新高製糖株式會社（藤山派）等，到大正中期為止仍舊持續地增加。

還有另一項和砂糖並列的臺灣產物，那就是茶葉。據說臺灣茶是由英國的貿易商把茶苗帶入臺灣後，開始種植、發展而成的，因此早在日本統治以前臺灣茶就已經銷往美國了。由於戎克船（中國式的木造帆船）能夠沿著淡水河上溯靠岸，臺北的艋舺（萬華）、大稻埕因此成了貿易據點，許多茶葉業者的商號也匯聚在此。不過，當時的茶葉銷售通路主要掌握在英國等外國商館的手中。

「得自己打造出『日本產品』推出銷售。」

臺灣總督府認為在致力於成立「臺灣總督府殖產局製茶試驗場」，改良茶葉品種的同時，也應該拓展臺灣茶葉的獨家市場，因此開始在世界各地舉辦的博覽會上宣傳臺灣茶。這個方法是由財閥企業傳授給臺灣總督府的。

在一九〇〇年巴黎萬國博覽會、一九〇七年詹姆斯鎮三百年紀念博覽會（美國）、一九〇八年萬國裝飾技術、家具博覽會（俄羅斯聖彼得堡）、一九〇九年阿拉斯加尤康太平洋博覽會（美國西雅圖）等日本參展的會場上，一定會設置由身穿和服的日本女性負責接待的臺灣茶館。光是「和服」想必就相當引人矚目了，再以味道和香氣都十分優良的茶款待的話，可以說是無懈可擊了。臺灣茶的評價也因此大幅地提升，開始在各個博覽會上獲得大獎。

總督府採取優渥的投資政策，日本的財閥企業因此陸續投入臺灣茶產業，臺灣島也因此逐漸地富裕了起來。不過，支付給本島人的薪資相對來說還是偏低。這當然造成了人們的不滿，在這樣的情況下，發揮統治功效的正是「保甲制度」。

以「十戶為一甲」、「十甲為一保」將本島人的家庭集結起來後，再分別委任「甲長」、「保正」⑫管理的保甲制度，是始於清朝統治時期的制度。臺灣總督府運用這個制度，將保甲制度整合成輔助警察的無給職組織。甲長、保正的任期各爲兩年，擔負的工作相當地繁重。保甲制度最大的特色就在於採取連坐制的罰則，也就是如果有任何一個人惹了麻煩的話，整個甲或是保，就連甲長、保正都會被追究連帶責任。「聽好了，如果做了什麼蠢事，不光是你這傢伙一個人受罰而已。要是膽敢做出這樣的事，左鄰右舍都會對你懷恨在心，從此就別想在村子裡生活了。」

然而到處都有反抗者，所以每個家庭、甲、保，人人都相互監視著，而且必須相互保持警戒。也因此出現了總是疑神疑鬼的人，另外也有爲了諂媚日本警察而從事間諜行爲的人，相信當時有不少人因此感到困擾、難受。不過從日本人的角度來看，這個制度對於控制當時的臺灣社會具有相當好的成效。

加上前任民政長官後藤新平曾經留下了所謂的「治臺三策」。

後藤對於臺灣人曾經這麼分析過：「①怕死，害怕高壓的威嚇；②愛錢，容易受到小利誘惑；③愛面子，容易接受虛名籠絡」（伊藤潔《台湾》中公新書），因此可以利用這些弱點，施行懷柔政策，時而威嚇，時而給予利益，然後再經常授予獎狀、「紳章」（勳章）等，激起他們的自尊心。

當時的日本就利用保甲制度對臺灣進行統制，時而給予獎賞以排除不滿情緒。不過，身處社會底層的人肯定累積了許多不滿。另外，即使同樣是漢族，因爲出身地、居住地等不同，也因此經常發生衝突，所以當時的臺灣是一座暴戾的島嶼。不過，心中的故鄉——「唐山」（中國大陸）依舊根深蒂固地存在著。

一九〇七（明治四十）年十一月，發生了一起抗日事件。事件起於一個曾經在新竹北埔支廳服役過兩次，名爲蔡清琳的男子宣稱：「不久後清朝的軍隊就會從舊港（新竹南寮港）登陸……中略……殺了所有的日本人」（《台湾史小事典》中國書店），煽動著民兵和生產樟腦的勞工，最後導致住在北埔的五十七名日本人遭到殺害。主謀蔡清琳後來被驚覺受到欺騙的同夥殺害，但是最後警察仍舊逮捕了一百多人。每當這類事件發生時，內地人總是感到害怕，甚至可能還會被一股至今爲止的努力都化爲一場空的無力感侵襲著。即使如此也無法中途而廢，因爲所謂的殖民統治正是一場看不到「終點」的戰鬥。

這時臺灣的街道產生了變化，鐵路、道路、下水道、電話線不斷地延長，被稱爲「土匪」的抗日游擊戰也減少了，隨著理蕃政策的推行，原住

12

⦿保甲制度是統制本島人相當有效的方法。「保」的長官——「保正」被授予徽章，任期兩年。

民部族陸續歸順，但是當時仍舊存在著必須解決的課題，其中之一就是天花、痢疾、霍亂、鼠疫，還有瘧疾等各種傳染病。

從一開始日本人就對「臺灣的街道、住家、商店髒亂得令人束手無策」（竹中信子《殖民地台湾の日本女性生活史1（明治篇）》田畑書店），而感到十分地困擾。臺灣人總是在街邊殺雞、殺豬，處理好之後就理所當然地堆在路邊；民宅裡沒有洗手間，堆滿排泄物的便桶「隔天早上就往路上或路邊已經滿溢的溝裡倒」；此外因爲屋子的窗子小，通風不佳，加上「雞、豬等家畜就直接進到屋子裡排泄」等景象驚人。吃飯的時候也「因爲有大量的蒼蠅聚集……中略……必須邊走邊吃」；「從水溝裡冒出的蚊子厚得就像窗簾或是煙霧一樣，濛濛地在眼前飛舞」（以上出處同前）等情況，光是想像就會讓人不寒而慄。在這樣的衛生情況下，豈有疾病不孳生、流行的道理。

日本也曾經流行過霍亂、痢疾，這兩種傳染病都是經由口沫傳染，所以日本人在臺灣勵行洗手，到任何地方總是先找到安全的飲用水，或是決不飲用生水，同時也特別留意排泄物的處理。關於天花，日本人也了解到預防方法只有接種疫苗。不過，對於瘧疾和鼠疫則是幾近於無知。

一八九五（明治二十八）年日本平定臺灣時，日軍的戰死者、傷者，總計九百三十一人，但病死人數卻多達四千六百多人，患者更是高達兩萬六千人以上，其中大部分都是得到瘧疾。即使同樣是蚊子、老鼠，但是臺灣的蚊子、老鼠和日本的完全不一樣。然而這些差異卻是在許多日本人爲此犧牲之後，才切身地體會到。總之要杜絕瘧疾和鼠疫，只有街道、住宅保持良好的衛生狀態，澈底改善造成蚊子、老鼠及鼠疫桿菌的宿主——跳蚤孳生的環境，除此之外，別無他法。日本統治臺灣五十年期間，總是不厭其煩地持續地呼籲「保持清潔」，勸導廚房裡不要放置吃剩的食物，捕捉老鼠也成了義務。不僅制定了一年兩次的「大掃除日」，警察還會挨家挨戶地確認是否有打掃乾淨，如果不夠確實的話，就要求重新打掃。即使如此，也無法斷言臺灣達到完全的乾淨，因爲一年裡島內總還是會發生幾次傳染病疫情。

比防治傳染病更複雜、更大的問題是鴉片[5]。

日本從以前開始就把鴉片當作醫療品流通使用，但是並沒有普及到一般民眾。雖然一般都說這是因爲日本人喜歡「酒更勝於鴉片」，不過另一項更重要的原因在於，美國第一任駐日公使哈里斯曾經深切地向日本說明：「英國不人道鴉片貿易的企圖，與吸食鴉片的害處」（劉明修《台湾統治と阿片問題》山川出版社〔中譯本，劉明修著，李明峻譯，《臺灣統治與鴉片問題》臺北：前衛出版，二〇〇八〕），哈里斯這項在日本和各國開始接觸之前的預防措施，成功地避免鴉片普及到日本一般民眾，可以說是厥功至偉。明治政府繼承了幕府的這項精神，持續抱著鴉片會導致國家滅亡的強烈危機感，於一八七九（明治十二）年施行「藥用阿片買賣暨製造規則（阿片專賣法）」，規定鴉片只能用於醫療用途，只限登錄者才可以購買和種植鴉片，日本有了這項規定實在是太幸運了。

另一方面，從十七世紀鴉片傳入臺灣後，鴉片已經普及於一般人。對臺灣人而言，鴉片對於治療「急性腸炎、腸出血、腸穿孔也十分有效」，加上也常用於「鎮靜霍亂發作時的症狀、治療肺結核」（出處同上），因此不少家裡都備有鴉片，當作常備藥使用。而且上癮之後感覺舒暢，甚至和友人交際或是談生意時，也會招待吸食鴉片。這就和抽菸一樣，一開始大多抱著好玩的心態，但是慢慢地就上癮了，然而這些人卻大多不知道鴉片的害處。

對於臺灣的鴉片問題，一開始「嚴禁論」、「非禁論」兩方激烈地對立著，對此，當時仍舊是內務省衛生局長的後藤新平則是提倡「漸禁論」。因爲，從人道以及鴉片造成國力顯著下降的層面來看，「非禁論」不可行。但是突然全面禁止反而也會產生弊害，因此後藤提出要慢慢地減少鴉片吸食者。在後藤提出的「臺灣島鴉片制度相關意見」中指出，如果施行漸禁政策的話，就不需要大量的兵力鎮壓來自鴉片吸食者的反抗行動，並且「施行鴉片專賣的話，一年將能夠增加二四〇萬日圓的稅收」（出處同前），鴉片專賣擁有十分誘人的好處。這項提案不光是顧及到人心與健康，如意算盤也打得很仔細，也因此後藤的意見獲得採用。一八九七（明治三十）年臺灣總督府頒布「臺灣鴉片令」，鴉片正式成爲臺灣總督府的專賣品。

根據「臺灣鴉片令」，吸食鴉片者（未滿二十歲者禁止）首先必須先獲得公醫師的認可，然後擇一繳納分爲「福、祿、壽」三等級的鴉片專利金後，就可獲得鑑札（購買許可證）。雖然程序麻煩，不過只要遵循這個程序的話，誰都可以購買鴉片。

在鴉片的銷售管道方面，制定了以下的程序：「總督府製藥所→各地方廳→批發商→零售商」。民間的批發商將能夠確保一定的利益，成爲批發商的條件是在本島人中具有「一定身分地位者」（出處同前），換言之，能夠成爲鴉片批發商是獲得總督府的認可，「值得信賴的人」。也因此如果能夠成爲鴉片批發商的話，從事其他生意也會變得更加順利，這些人因此更進一步地協助總督府並且變得忠誠，之後甚至成爲具惡意諷刺之意的「御用紳士」。比如本書一開始提到的，因爲讓日本軍能夠無血刃進入臺北城，而聲名大噪的辜顯榮。從領臺初期開始就與日本往來，辜顯榮因此一步一步地踏上通往榮華顯要的階梯。

然而關於鴉片，臺灣總督府更害怕的是吸食鴉片的惡習會蔓延到日本人，甚至危及日本國內。對此第一代總督樺山資紀公布「臺灣人民軍事犯處分令」時，便早早地規定：

第一條　臺灣人如犯有左記之情事者，處以死刑。

將鴉片煙及吸食器交付給大日本帝國軍人、軍屬及其他從軍者，或使其吸食者。

光是這樣就會被處以死刑的話，那麼臺灣人一定不會把珍貴的鴉片分給日本人等，因此這個處分令達到了相當好的效果。

正如同一開始所預想的一樣，吸食鴉片的人漸漸地減少了。從授予全新買賣鴉片許可證的人數來看，一八九七年時有將近十七萬人，到了一九〇八年則減少到了約一萬六千人。另外，透過指數來看的話，也可以看到鴉片吸食者減少的趨勢，如以一九〇〇年作爲基數一百，到了一九〇九年則下降至六十五，之後也一直呈現持續遞減的趨勢（資料同前）。乍看之下，「漸禁策」看似奏效，但是實際上這些數字的背後顯示的卻是總督府專賣局「爲了增加收入，不只嘗試產出鴉片煙膏，暗地裡還萃取出鴉片的主要成分——嗎啡，開始生產粗製嗎啡」，還「把藥用鹽酸類嗎啡的原料全都賣給星製藥株式會社」（皆出自前引書）。另一方面，也漸漸地調整鴉片煙膏的成分，企圖誘導吸食者「從三等煙膏漸漸改吸食一等煙膏」（出處同前），甚至以原料價格高漲爲由，售價因此跟著飆漲。結果造成吸食鴉片的人數減少，但是收入卻增加的不可思議現象。鴉片的相關收入已經成了臺灣的重要財源了。最知曉麻藥的滋味因而中毒成癮的，正是臺灣總督府。後藤新平當初是否曾經料想到這個情形呢？

當時正值進入二十世紀初，對鴉片輸往西歐各國的殖民地一事不斷批判的美國，在一八九八年取代西班牙占領菲律賓全境時，發布「鴉片禁止令」，並且呼籲召開協議鴉片問題國際會議。英國等國對此激烈地抵抗著，就在美國提出呼籲三年後，一九〇九年終於在上海召開了國際鴉片會議。日本也名列十三個參加國之中。在會議上，對日本在臺灣進行有關鴉片使用者的各方面調查報告，與「漸禁策」有不少好評。

不過，不打算承認錯誤的英國不只反駁指出：「因爲有消費國，所以才會輸出鴉片……中略……暗地裡攻擊中國政府取締無能」，還把矛頭指向日本，指出日本也是鴉片輸出國，巧妙地分散集中在自己身上的批判。實際上，英國之所以指控日本是因爲，部分想要在中國大陸打下貿易根基的日本人「侵犯到了英國鴉片商人的獨占權益，甚至也參與鴉片、麻藥買賣」（出處同前），這對英國而言絕不是件有趣的事。不過，對狡猾的英國來說，要打擊才剛在半世紀前還在鎖國，不知世界變化的島國，簡直易如反掌。日本既沒有遭受責難也能事不關己的厚臉皮，也沒有能夠反駁的材料與「論戰」技術，因而只能在英國的指控下挫敗地低下頭來。

同年十月二十六日，以非官方行程造訪哈爾濱的伊藤博文遭到暗殺身亡，享年六十九歲。中日甲午戰爭後簽訂馬關條約時，當時的清朝全權大使李鴻章指出，臺灣難以統治的原因之一正是「大部分的臺灣人都吸食鴉片煙」，對此回以：「一定會禁止鴉片讓您瞧瞧」的伊藤博文，在日俄戰爭後曾經思考要組成兒玉源太郎內閣。

然而兒玉源太郎已經死了，就連伊藤博文也在遙遠的滿州遭暗殺身亡。深切地體會到成爲世界一等之國，以及與異文化打交道困難重重的日本，爲了追求「富裕」，必須繼續地向前進。

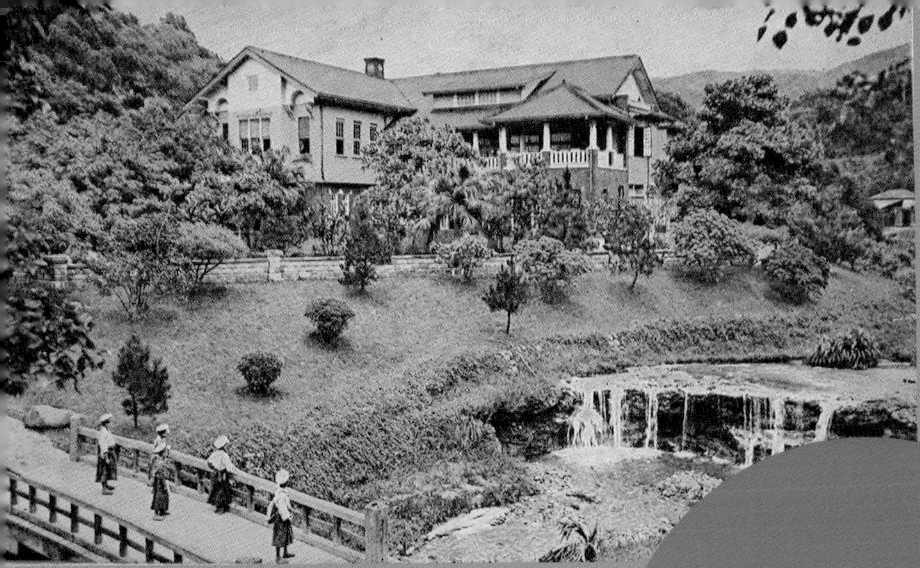

第4章 希望之島 1910-1913

⊙新北投的公共溫泉澡堂。橋上的孩童們穿著日式服裝。

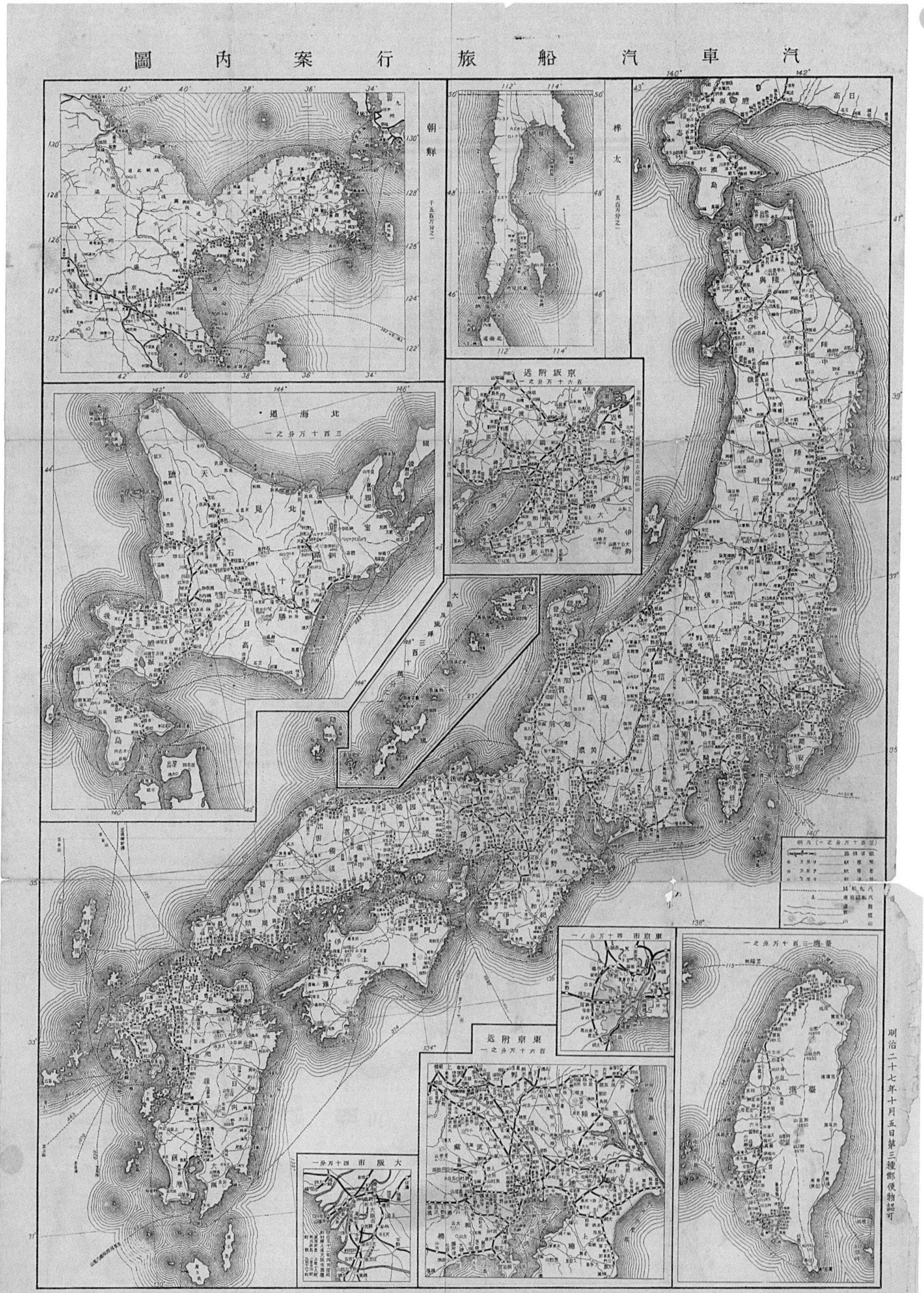

◉明治四十四年發行的「汽車汽船旅行案內圖〔火車汽船旅行導覽圖〕」。圖中不只有臺灣，甚至還包括樺太、朝鮮半島。

⊙明治四十三年版的「臺灣全圖」。
鐵路從基隆開通到打狗（高雄）。

⊙砍下來的樟樹被搬運上阿里山鐵路的貨車。樟腦是當時臺灣的重要財源。

4

5

⊙樹齡約三千年的紅檜木「阿里山神木」。在神木旁像的車站和人，顯得特別渺小。

一九一〇……（三月）「臺灣製茶（株）」成立。開始製造綠茶及紅茶
（明治四三）
「臺灣製油（株）」成立總會
（四月）在東京成立臺灣俱樂部——在京臺灣關係親善援助團體
在花蓮港開設吉野村
（五月）〈開始檢舉大逆事件相關者〉
（六月）總督府花蓮港醫院開院
（八月）〈簽訂日韓合併條約〉
（九月）「斗六製糖（株）」成立總會
〈成立朝鮮總督府〉
（十月）成立臺灣糖業連合會
（十一月）內臺海底通訊纜線二號線開通
（十二月）花蓮港——鯉魚尾之間的鐵路開通
臺北大眾劇場「朝日座」落成公演

一九一一……（一月）〈幸德秋水等人遭判處死刑，執刑〉
（明治四四）
（二月）阿里山鐵路全線通車。加速森林開發
在臺北的大稻埕公學校舉行臺灣人斷髮會
（五月）東京人氣藝人川上音二郎一行人在朝日座公演
臺灣東部鐵路全線通車
（七月）臺灣原住民平埔族襲擊臺東支廳
（八月）〈第二次西園寺公望內閣成立〉
（九月）〈平塚雷鳥（也記為平塚明子）創立《青鞜》〉
（十月）開始錄用臺灣人警察（巡查）
〈中國武昌發生辛亥革命。日英法俄軍隊從漢口登陸〉
（十一月）「臺灣瓦斯（株）」開始營運
（十二月）縱貫鐵路基隆——高雄間的夜間列車開始行駛
〈孫文成立南京臨時政府〉

一九一二……（一月）〈中華民國成立，孫文出任臨時大總統〉
（大正一）
（二月）「帝國製糖（株）」開始在臺中營運
〈清朝皇帝退位，中國轉為共和制〉
（六月）臺灣總督府新官舍地鎮祭〔祈求順利完工的儀式〕
（七月）〈明治天皇駕崩，改年號為大正〉
（八月）臺灣北部發生暴風雨。臺北市因水災受損的屋舍達三千四百戶
（九月）全島暴風雨。縱貫鐵路全線不通
（十月）日本郵政公司開設南洋航路（神戶——基隆——印尼泗水）
（十二月）臺北馬偕紀念醫院開院，由英領加拿大長老基督教會派「臺灣基督長老教會」管理

6 ⦿〔左上〕新北投站。因為有溫泉所以成為當時臺灣的名勝之一。

7 ⦿〔右上〕新北投溫泉。據說是明治二十六年由德國人奧里〔Ouely〕發現的。新蓋好的溫泉公共澡堂裡有各種浴池，也有榻榻米室。當時被喻為「全島第一天堂」。

8 ⦿〔左〕新北投溫泉公共澡堂的西側陽臺。

9 ⦿以「臺灣鐵道旅行案內〔全臺灣鐵道旅遊指南〕」為題的手冊封面和封底。縱貫鐵路完成後，從明治末年到大正期間，搭乘火車讓移動變得容易。

〈護憲運動〉

一九一三……（一月）臺北——圓山之間的民間共乘汽車開始營運
（大正二）於新竹公學校舉行推進隘勇線殉職者兩百人招魂祭
（三月）臺北新店遭到原住民族攻擊。許多日本人及臺灣人死傷
（四月）頒布瘧疾預防規則
（六月）新北投溫泉開設公共溫泉澡堂
（八月）（中國發生革命內亂。孫文暫時逃亡到日本）
（十月）（各國列強承認中華民國，袁世凱就任臨時大總統）
（十一月）「臺灣木材（株）」成立
「臺北印刷（株）」成立

一九一〇（明治四十三）年，日本領臺十五年後，臺灣從這一年的元旦開始廢止舊曆，改採西曆。這顯示了臺灣總督府展現出臺灣終於與內地同一步調的氣勢和自信。

仔細想想自領臺以來，臺灣總督府可以說是苦難連連。一邊對抗著被稱為「土匪」、「匪徒」在各地零星的游擊式抗日行動，與以瘧疾為首的當地傳染病；一邊進行人口、土地的基本調查，建立整備基礎建設，以突飛猛進的氣勢執行各項政策。在領臺初期的八年歲月裡，如果沒有後藤新平的鐵腕，臺灣統治恐怕難以步上軌道，想必也無法描繪出至今臺灣的發展藍圖。

後藤民政長官早在一九〇六年第四任總督兒玉源太郎辭去總督一職時，接受了兒玉的延請，出任南滿州鐵路的第一任總裁，因此離開了臺灣。雖然如此，但是「後藤對殖民地臺灣抱著很深的執念，自己提案以敕令設置『臺灣總督府顧問』制度，而且還自己出任該職」（黃昭堂《台湾総督府》教育社）（顧問制度不到兩年就遭到廢除）。

接任兒玉總督的第五任臺灣總督——佐久間左馬太，就任時已經六十多歲了。佐久間總督的統治方針是延續兒玉、後藤二人組建構起的統治方針，然後再進一步執行「理蕃政策和產業政策」。佐久間總督在任四年期間，各方面產業都順利地成長，並且還從德島縣招募日本人前來位於臺灣島東側的花蓮港，成立首座官營的移民村——「吉野村」。此舉同時也是為了強力展現臺灣終於成為一座一般日本百姓也能安心移居、進行開拓事業的島嶼。

不過，對具備萬全因應體制的文宣抱著期待，而來到花蓮後的日本移民，抵達後「看到的實際情況卻大不相同」的落差，和當初招募北海道、滿州開拓移民時的情形如出一轍。其中最令人錯愕的是，雖然被稱為「花蓮港」，但是連個海港的樣子都沒有。千里迢迢地抵達花蓮的開拓移民們「當船接近岸邊時，所有的人都縮在船底蓋著帳篷……中略……可以聽到船發出怪聲響。粗大的纜繩雖然綁在岸上……中略……穿著鞋單腳踩著海上岸」（竹中信子《殖民地台湾の日本女性生活史1（明治篇）》田畑書店）。

臺北從前一年起開始拆除環繞市

◉在臺灣第一個官營移民村——花蓮港的吉野村的青年會館，其中還有各支部的照片。

中心的清代城牆，街道的通風情況有了相當大的改善，並且在城牆的遺址上，計畫建設單側三線道的寬闊道路。建築城牆的磚瓦則重新利用，作爲整備市內下水道、其他建築物之用。

(臺北) 北門と臺北郵便局
No. 36 The North gate (an old castle gate) and The Taihoku post Office.
古の臺北を囲んだ大城壁の面影を殘す北門、右郵便局
は最近の建築にして宏壯優美

11

◎臺北郵局和北門。城牆雖然都拆除了，不過城門還保留下來。郵務事業也上了軌道，各地陸續成立郵局。

位在沿著城牆西側淡水河一帶的艋舺和大稻埕，是過去就由本島人開拓發展的區域。臺灣總督府拆除城牆後，在舊城牆的內側運用了在日本同樣也是尖端技術的近代建築工法，陸續建造了包括總督府在內的行政設施、醫療機關、公共建設等。新企業也在附近設置公司，並且出現了商店，逐漸形成日本人的居住區。漸漸擴展開來的市中心，終於慢慢地接近城外本島人的居住區域，在兩處的接界地內地人和本島人相互往來頻繁，娛樂設施、餐飲店街等也逐漸增加。

不過，即便建造了外型和內地相同的日式屋舍，但這裡終究還是臺灣。生活裡充斥著各種的驚訝和不方便。首先，光是陽光照射的強度就不一樣了。熱度、濕度甚至大雨的激烈程度也不同。

在日常生活方面，適合日本人食用的蔬菜少，而且除了花蓮港以外，沒有其他經疏通過的海港，此外能夠安全飲用的水也不足，各方面都相當地不方便。爲了防治瘧疾必須經常點著蚊香，即使是小小的水窪也要留意不孳生蚊子，爲了防治鼠疫也不能忘了要放置捕鼠器。

被咬了之後會令人疼痛難耐的紅蟻，對策則是吊掛蚊帳。全新的屋舍裡，木頭樑柱在很短時間裡就會被白蟻啃蝕殆盡，當注意到時柱子早已經被啃得空空洞洞的了。有時「浴室裡還會出現直徑數公分，身長三公尺以上，頭就像調羹般全黑，身體屈捲著但抬起頭則長達五十公分的大蛇」（出處同前），這些都跟內地完全不一樣，甚至就連蟑螂也都多到讓人發出悲鳴，難以生活下去。

再來看看本島人生活的街道，當時還可以看到許多留著清朝髮型——辮髮的男子，與因爲纏足走起路來搖晃不穩，彷彿被風吹動般的女性。從後藤擔任民政長官時期以來，對本島人採取「進行科學性地調查臺灣島的舊慣制度，然後順應民情」的政策，不過無論從衛生層面，還是對女性的身體帶來極度不自由和痛苦等層面來看，總督府認爲差不多要正式禁止辮髮和裹小腳了，因此陸續積極地施行相關的對策。

街道也接了電，上下水道也整備完成，瓦斯也快要開始使用了。另外也設立了郵局[11]，和內地之間的郵件寄送時間也因此縮短了。從以前就知道位在臺北北部的新北投，有日本人最喜歡的溫泉湧出，這裡也馬上成立了氣派的公共溫泉澡堂[1]。

「不管多熱，不泡澡的話總覺得哪不對勁。就想要泡在像這樣滿滿的熱水裡啊！」

生活在這裡的人們想必一邊想像著這般的假日情景，一邊流著汗相信著前方光明的未來吧。

另一方面，一開始反抗日本統治的本島人，表面的反抗情緒也逐漸消失了。

唉，這也是無可奈何。

以個人的力量，也改變不了什麼。

因為早就已經被自己心裡的故鄉——清朝乾脆地拋棄了。所以也就不得不放棄反抗了吧。

而且在日本的統治下，做生意的機會確實增加了。加上在這之前，只能依賴咒術、占卜治療的疾病、傷口等，現在可以在乾淨的醫院裡獲得治療。雖然需要不少的妥協與忍耐，不過稍稍留意一下，搞不好過去連想都不敢想的豐裕未來生活，有機會握在手中呢。臺灣，在當時任誰來看都會覺得是一座正朝著「希望之島」前進的島嶼。

不過，不能忽視的是，建構這座「希望之島」的臺灣總督府，也是一處政治角力場。政治就是力量，只要握有權力，理所當然地就會出現攀權附勢的諂媚者。一旦出現了一個派閥，當然就會出現反對的新勢力，然後就會衍生出和企業勾結的結構。就在極盡全力治理第一次到手的殖民地統治時期告一段落的瞬間，就出現了這些醜陋的樣貌，當時就是這樣的時代。

「每個人究竟要後藤、後藤的提到什麼時候。他都已經快要連顧問都不是了。」

這時有一個隱藏不了憤恨的男性。之所以如此是因為，後藤新平「一輩子都帶著把自己在任時的職位指派給當時直屬部下的習慣」（出自前引《台湾総督府》），而這個憤恨的男性雖然兼具經驗和實力，但是卻沒有被選為後藤的繼任者。後藤把自己民政長官一職指派給部下——祝辰巳（一八六八～一九〇八），覺得這個決定一點也不有趣的男性正是大島久滿次（一八六五～一九一八）。

出身東京帝國大學的大島久滿次，在臺灣總督府設置後的隔年，一八九六年就前往臺灣赴任，歷經民政局參事官、製藥所長、警視總長等職，可以說從領臺以來就擁有豐富的資歷。大島久滿次同時也是所謂的「反後藤新平派」代表。後藤當然不會不知道這件事，也因此當後藤指派了比大島更年輕的祝辰巳成為自己的繼任者之後，想必應該是開懷大笑地離開臺灣的吧。

不光是大島一派，可以想見「同屬後藤派之中，許多耀眼的同僚們」，對祝辰巳應該也抱持著相當嫉妒與厭惡的情緒。對品格清廉高潔的祝辰巳而言，民政長官「這個位子想必坐得不愉快，也因此明治四十一年就得病」（出處同前），在職期間就病逝了，享年四十歲。之後因此「出現了後藤派和最具資歷的大島警視總長之間的繼任者之爭，不過由於當時後藤正在進行俄羅斯之旅，無法干涉此事，佐久間總督便起用了大島擔任民政長官」（出處同前），這件事時值一九〇八年。當時四十三歲的大島久滿次接任後，即刻充分地利用民政長官一職之便。因爲大島十分清楚地了解到，獲到權力之後就會有爲了取得利益，像蜜蜂一樣成群蜂擁而來的商人。

實際上，後藤新平也因爲被稱爲「缺席總督」的兒玉源太郎，任職期間大多不在臺灣，所以幾乎呈現一人獨權的狀態，運用權力得到了許多「甜頭」。因爲樟腦專賣政策，後藤新平與「鈴木商店」的金子直吉之間緊密掛勾的關係相當有名。另外，每當臺灣出現新產業的可能性時，後藤就會與臺灣人御用紳士之祖辜顯榮、鴉片利益的關係人們等相關業者相互勾結。

想必大島也一直看著後藤的一舉一動，因爲大島就任不久後就爆發了「利用臺灣首富林本源家企圖成立製糖會社，藉此收取高額財物作爲報酬的收賄事件」等，涉及了許多貪汙事件。

臺灣總督府雖然在「產業政策」上進行得相當順遂，但是在「理蕃政策」方面則是碰了壁。因爲即使對生活在山裡，被稱爲「生蕃」的原住民族施行了任何的歸順政策，總是有許多部族不願意歸順。這些原住民族大多有獵人頭的「出草」習慣，常常不聲不響地從背後靠近，然後砍下日本人的首級。

原本就不受任何人支配，以狩獵採集爲生的原住民，在漢人大量移入後，生活環境逐漸受到威脅。主要在平地過著獵鹿等生活，被稱爲「熟蕃」的原住民族，在與漢人平地居民通婚等的背景下，漢化得較早，並且逐漸地融入漢族社會。然而居住在山裡的「生蕃」則想要固守自己的生活形態。也因此生蕃和漢人之間的「衝突與日俱增，而且越來越嚴重，清朝政府因此施行了設置『隘』的防『番』政策」。「『隘』是一種武裝的防衛機構」（皆出自周婉窈《図說台湾の歴史》平凡社）。

臺灣總督府也繼承了這項政策，設置了「隘勇線」⑫的邊界線，並且讓最歸順的生蕃住在隘勇線的「內側」，「採取逐漸教化的方式，讓警察和其家屬進入，進行包含教育、醫療

⑫ ⊙把生蕃居住的山地用柵欄包圍封鎖起來的隘勇線。在鐵線、刺網上通電，縮小原住民族的生活範圍。

以及產業指導在內的理蕃」（前出《殖民地台湾の日本女性生活史1》）對策，然後漸漸地把隘勇線往山裡推進。

爲了要在就連現在都難以想像的險峻深山裡巡守隘勇線，在隘勇線的各個要所設置「隘寮」（哨舍），讓一人，最多二、三人的「隘勇」（主要由本島人擔任）留守隘寮。另外，還有監視數個分遣所和隘寮的監督所，監督所裡有警部或警部補及巡查、隘勇數人。此外，也在各處要所設置砲臺，還有蕃務管理駐在所，裡頭也配置數名巡查」（出處同前），這些在隘勇線工作的隘勇、警官和其家屬們，過著一刻都不能夠放鬆，賭上性命的每一天。

其中最令人擔心受怕的是，生活周遭中即便已經歸順，但是語言完全不通的原住民們。原住民們究竟在想什麼，該如何才能和他們交流相通等，對隘勇、警官等都是全新的探索。而且在隘勇線的「外側」，沒有歸順的生蕃虎視眈眈地，隨時可能趁機發動攻擊。有時即使是在「內側」已經歸順的原住民們，也可能因爲微不足道的原因，比如不過是被隨口問問「要不要試試膽量啊」等，就可以簡簡單單地砍下日本人的頭。島內各地警察或其家屬，受到原住民族攻擊的事件層出不窮。因此，臺灣總督府「架設鐵網，甚至還通了電。到了明治四十二年……中略……總長達四百七十公里，幾乎遍及全臺灣的原住民山區」（《台湾史小事典》中國書店）。

「我，做了後藤沒做的事。」

臺灣總督府終於推出了「五年（明治四十三年到大正二年爲止）的理蕃事業，也就是澈底地攻擊、鎮壓反抗的蕃人」（前引《殖民地台湾の日本女性生活史1》）。這項政策雖然得到天皇的敕令，同時也是佐久間總督所下的決定，不過其中清楚地蘊含著大島久滿次就任民政長官後「反後藤派」的意志。在此之前，由後藤持續提倡的「糖與鞭子」政策，很明顯地出現了難以突破的界限。這次要轉換成讓反抗者沒有選擇權，決定理蕃政策成敗的強硬路線。

在這五年的理蕃事業期間，雖然不知道日本究竟殺害了多少的原住民族。不過從隘勇線不斷地擴張來看，可以想見原住民族被驅趕到海拔更高的地方，想必有不少人因爲飢寒交迫而失去生命。

正當要投入莫大的軍事費，展開「理蕃五年計畫」的時候，大島民政長官因爲「阿里山官營問題貪汙事件受到牽連，終於被迫辭職」（前引《台湾総督府》），大島眞是一個不會

13 ◉在學校裡上課的孩童們。大家都光著腳。

反省的人。

即便如此，大島久滿次果眞是個有膽量的人。因爲大島在被迫辭職離開臺灣前，找來了「臺北、高砂兩處檢番的藝妓，讓他們一起穿著染著大島家紋——武田菱的衣裳跳舞」，除此之外甚至還有「艋舺『一力』的藝妓、服務員」（皆出自前引《殖民地台湾の日本女性生活史1》），舉辦了一場超盛大的歡送會，該說是厚顏無恥嗎？只能說大島實在是個了不起的人。大島之後歷經神奈川縣知事後成爲衆議院議員，於任職議員期間過世。

關於大島辭職一事，「也有傳聞這是來自後藤新平派的反擊，與這件事相關的大島派幹部也幾乎辭職了」（前引《台湾総督府》）。這應該是在後藤新平甚深的執念之下，無可避免的結果吧。臺灣這個殖民地雖然還走得搖搖晃晃，不過政治的醜陋泥沼卻已經發展得相當成熟了。

民政長官一職再度由後藤派占據。之後便由歷代臺灣總督中任職時最久的佐久間總督率領著雖不是完全沒有動亂，但卻也充滿安定感的總督府。

臺北劇場「朝日座」於一九一〇年底成立。隔年一九一一（明治四十四）年五月，當時最受歡迎的演員川上音二郎劇團一行人來到了朝日座。音二郎的妻子是被稱爲「貞奴夫人」的世界知名藝人貞奴。

被稱爲「新派劇之父」的川上音二郎，於明治二十年代時以「オッペケペー〔Opekepe〕節」一躍成爲知名人物。不斷地推出融入社會世事的新舞台劇，川上音二郎雖然曾經一度有破產之虞，但是夫婦兩人前往美國後重新站起，「貞奴夫人」一名也在世界各地廣爲人知，甚至還在一九〇〇年的巴黎萬國博覽會上公演，川上夫婦可以說是日本最早的世界級巨星。

不如人意是世間常態
能煮成飯的就只有白米啊
アオッペケペー
オッペケペッポー　ペッポッポ
〔Aoopekepei Oopekepepo pepopo〕

在極爲不景氣的今日
不回頭看下層社會的窮困
帶著彷彿遮著眼的高帽
金戒子配著金錶
向權門顯貴屈膝
向男女藝者灑錢
裡頭的倉庫裡堆著的米
但這可是來自冥土的贈禮啊
在地獄和閻魔會面
用賄賂要前往極樂世界
去得了還是去不了啊
オッペケペー　オッペケペッポー
ペッポッポーィ
〔Opekepei Oopekepepo Pepopoi〕

帶著貧困雙親給的錦織綢緞
嫁入豪門的女兒
オッペケペー　オッペケペッポー
ペッポッポーィ
〔Opekepei Oopekepepo Pepopoi〕
女兒穿戴著華麗的披肩
父親的脖子上綁著毛巾

誰都想招攬客人上車
搭著回程的車奔馳著
要是翻車了可就危險了
這可不行啊
オッペケペー　オッペケペッポー
ペッポッポーィ
〔Opekepei Oopekepepo Pepopoi〕

因應社會世事更改歌詞的「オッペケペー〔Opekepe〕節」是否也出現在當時的臺灣呢？如果有的話，會改成什麼樣的歌詞呢？這就不得而知了。總之貞奴夫人的人氣使得演出大受歡迎，十分地成功。據說當時民眾的興奮情緒是日本統治五十年期間最高昂的時候。川上音二郎的劇團甚至也前往因爲製糖業而景氣大好的臺南、嘉義演出，並且在各地獲得好評。然而就在這次成功的臺灣演出後，川上音二郎回國後不到半年就過世了。「オッペケペー〔Opekepe〕」的時代就此結束。

之後，大陸發生了「辛亥革命」，孫文就任新成立的「中華民國」的臨時大總統。日本也企圖在滿州強化影響力。亞洲整體開始出現大變動的一九一二（明治四十五）年，七月三十日明治天皇駕崩，接著給國民帶來更大衝擊的是，乃木大將殉死。

乃木希典也是第三任臺灣總督，和乃木一同前往臺灣的母親壽子病歿葬在臺灣。天皇駕崩，加上乃木之死的雙重衝擊下，讓不少在臺灣的內地人感到一個時代的結束。

年號改爲大正。

鐵路貫穿全島，理蕃五年計畫也在強力的推行中。爲了強調臺灣已經是一個能夠自由遊歷的地方，總督府特地選出了「臺灣八景」。

「合歡旭日」從中央山脈合歡山上觀賞到的旭日朝陽
「何回月明」從最南端鵝鑾鼻燈塔上觀賞到的月光
「新高倒影」日本最高峰的壯麗景觀
「珠潭浮嶼」日月潭的景觀
「關波歸帆」淡水一帶
「東海石屏」東海岸太魯閣的斷崖峭壁
「北島觀潮」臺灣海峽上的北島燈塔
「旗後落霞」打狗（高雄）的夕陽

爲了和剛成爲日本殖民地的朝鮮相互較勁，臺灣出現了一股對於許多名勝予以命名，與朝鮮較勁的現象。不過，朝鮮算什麼呢？只要靠貪汙、賄賂，任何事都能夠順地利進行。現在的臺灣有了比內地更近代化的都市，安全便利、經濟發展顯著，以猛烈的氣勢發展成「希望之島」。

當時在臺灣的每個人都相信未來有無限可能的發展。

14

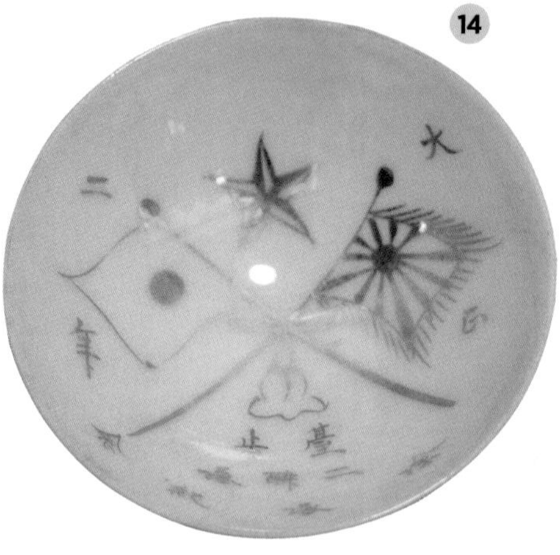

◉推測是紀念大正二年步兵第二連隊除隊紀念的酒盃。正當理蕃五年計畫最動亂的時期，每個士兵都賭上了性命。

1

第5章 始政二十週年 1914-1918

⊙為了紀念始政二十週年設置的臺灣勸業共進會第二會場正門的照片。門的左側有電線桿。

2

⊙為了討伐「生蕃」爬在幾近於垂直山崖上的日本士兵。陸續出現在高海拔背著重裝備的傷兵。

3

⊙（左頁上）投降於日本的「高山民」。害怕到全身僵硬的高山民，與包圍高山民的日本士兵好奇的表情。

4

⊙（左頁下）許多「高山民」都有獵人頭的習俗。「社」（村）入口的人頭架。

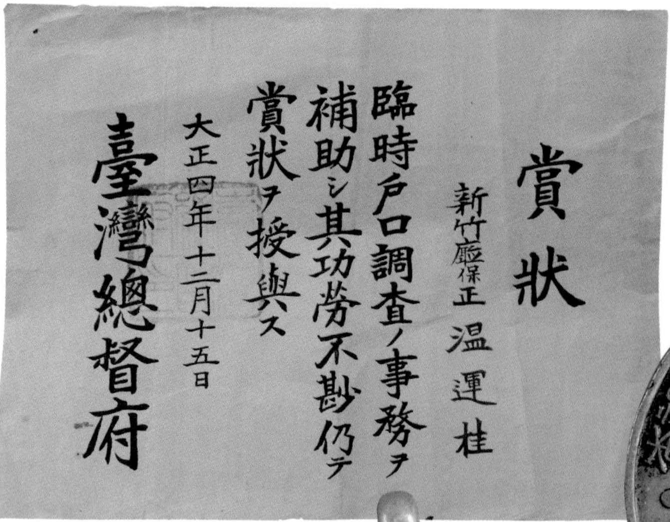
賞狀
新竹廳保正 温運桂
臨時戶口調査ノ事務ヲ
補助シ其功勞不尠仍テ
賞狀ヲ授與ス
大正四年十二月十五日
臺灣總督府

5

⊙頒給協助臨時戶口調查事務臺灣人的獎狀。這會成為協助日本的證據？

6

⊙第二次臨時戶口調查（人口動態調查）紀念獎牌。以上下兩個△組成的符號，是象徵臺灣的「台」字。透過發送獎牌以取得人們同意協助。

7

一九一四……（大正三）
（二月）板垣退助來臺
（三月）新五圓兌換券；風俗改良會；排除迷信等改變生活習慣運動
（四月）臺北圓山動物園開園；發布原住民族、蕃人公學校規則
（五月）預防接種等義務化
（八月）第一次世界大戰；日本政府向德國宣戰
（十二月）臺灣同化會成立（於鐵道飯店）

一九一五……（大正四）
（二月）發布臺灣公立中學校官制
命令臺灣同化會解散
（四月）臺灣總督府博物館落成儀式；臺北官舍落成
（五月）陸軍大將安東貞美出任第六任總督；要求承認日本對華二十一條要求
（六月）始政二十週年紀念典禮；實施斷辮髮解纏足運動；頒布臨時戶口調查規則
總督府新官舍上樑儀式
（七月）西來庵事件（噍吧哖事件）
（八月）公告斷辮髮解放纏足運動的成果達一百二十一萬人
（十月）第二次臨時臺灣戶口調查
（十一月）臺灣第一次舉辦賽馬活動

一九一六……（大正五）
（二月）花蓮港殺人事件，第一個遭處死刑的日本人
（四月）始政二十週年紀念臺灣勸業共進會開會儀式
透過報社記者大力宣傳臺灣
（十一月）臺中發生大地震

一九一七……（大正六）
（一月）埔里發生地震，死者、傷者各五十人；五百戶房屋倒塌
（三月）俄羅斯發生赤色革命
（五月）臺南高等女校開校
（七月）政府議會通過河川水利工程、海底電線、鐵路延長的三大事業預算

一九一八……（大正七）
臺灣工業、基隆炭礦、臺灣水果、南投炭礦、臺灣紡織等公司成立
（十一月）第一次世界大戰結束。德國投降

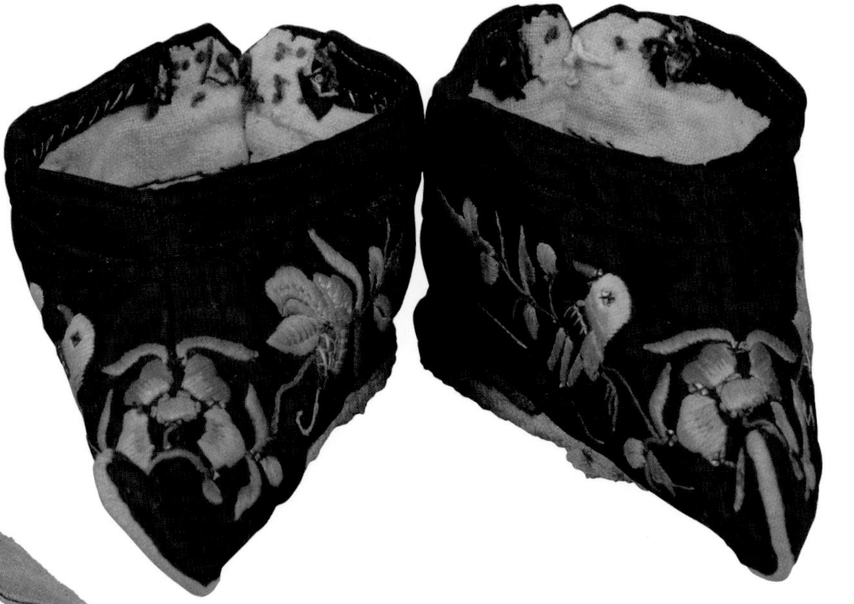

8

⦿裹小腳穿的鞋子。臺灣上流階層的婦女不做家事也不工作，過著在家裡刺繡等的生活。

9

⦿和十元日圓硬幣一比較，就可以知道裹小腳穿的鞋子非常地小。裹小腳不只是讓腳無法發育，腳也會長得歪七扭八。

10

⦿居住在山裡的原住民族被稱為「生蕃」。如果對日本表示歸順之意的話，可能會成為觀光的賣點。

【民法第四條】年齡達二十歲者爲成年。

日本的民法於一八九八（明治三十一）年施行。這時是臺灣接受日本統治後第三年。

在施行民法以前的漫長時間裡，日本完全沒想過要透過法律規定國民生活層面的各項事物。在明治新政府成立以前的幕藩體制下，雖然有包括「公事方御定書」在內，著名的「生類憐憫令」等各種法令。不過實際上約束一般人民生活的主要是因藩而異的財政狀況，及擁有共同生活習慣、身分、職種等人們發展出的「命令」、「慣例」、「約定成俗」等。日本就這麼一路走了過來，然而迫使日本開國的歐美各國卻訕笑著日本。

「喂喂，那你們不就沒辦法和我們好好地做生意吧。」

「連個法律都沒有嗎？那不就沒辦法正式簽約，權利也不清不楚的。到底懂不懂啊？連這都不懂的人，能夠平起平坐嗎？要是因此被嘲笑的話，這可很傷腦筋呢。」

當時的日本應該被歐美各國如此地嘲笑著吧。

日本因此慌慌張張地，不論是法國的也好，還是德國的也好，總之先引用了這些國家的民法，匆匆忙忙地完成了民法。這部以體裁完備爲優先的民法，把日本長久以來孕育而成的獨特價值觀、風俗習慣等都排除在外，一般認爲這部民法並不符合實際生活所需。不過，這部民法經過百年以上，到現在仍舊具備現行法的性質並且發揮著效力，在某種程度上來說，這實在是件很驚人的事。

總之因爲民法的施行，明確地規定了成人應有的年紀。「到了二十歲就能獨當一面」，彷彿從二十歲起就脫胎換骨了。

另一方面，一九一五年臺灣終於要邁向始政二十週年了。這表示臺灣也總算到了能夠「獨當一面」的時候了。占領之初的混亂告一段落，治安也變得安定，經濟發展也達到了日本對於殖民地的企盼，總督府因此打算大張旗鼓地向海內外宣傳這件事。

要讓始政二十週年紀念典禮成功！

就這樣急急忙忙地推動基礎建設，臺北的街道煥然一新，讓人幾乎認不出臺北原來的樣貌。市中心包括總督府博物館在內，學校、圖書館、公園、中央研究所等陸續成立，在臺灣神社附近，圓山動物園開園，正在建設中的新總督府外觀也達到了能夠公開的程度。典禮上還規劃了紀念植樹會、全島武術大會、物產展示會等活動。就這樣「日本把臺灣打造成日本殖民統治的『展示櫥窗』」（周婉窈《図説台湾の歴史》平凡社），但實際上臺灣的統治問題仍舊堆積如山。

這個時候的臺灣總督是第五任的佐久間左馬太。日本統治臺灣的五十年期間，總計十九名總督之中，在任時間最長的正是這位陸軍大將。佐久間總督從一九〇六（明治三十九）年就任起，就揭示了兩項最重要的統治課題——「產業政策」和「理蕃政策」。

「產業政策」是一項在企圖擴大臺灣農業生產力，同時進行森林資源、礦物資源等開發調查的政策，這一部分達到了確實的成果。問題是「理蕃政策」，也就是原住民族對策。

臺灣在來自中國大陸的漢族進入以前，原住民族就已經在這裡生活了。原住民族分為「平地民（現在的平埔族、熟蕃）」和「高山民（生蕃）」，各有許多的部族。這些部族都沒有文字，各部族的語言也不相同，關於這些部族的統治對策，是臺灣總督府的一項大課題。其中「平地民」透過通婚等方式受到漢族的同化，不斷地漢化，因此逐漸地失去了特色，也沒那麼地敏感。問題在於生活在陡峭的深山中，持續過著一如往昔狩獵採集生活的「高山民」。這些高山民是一群不輕易接受外來者，也不接受任何人統治的「頑固守舊者」。

仔細想想，這是理所當然的。因為對這些比誰都還早居住在臺灣的人而言，認為自己才是這塊土地的主人。然而在漢人進入並且人數增加後，他們就慢慢地被迫進入深山，曾幾何時山林裡甚至還設了境界線，而且界線範圍還越來越狹隘。沒想到連日本人都來了，這次還設了「隘勇線」，還有被稱為「隘勇」的監視者，變得更不自由了，所以這些人當然不會輕易地就服從。

「高山民」原本就有獵人頭的習慣，是一支自尊心強又勇敢的民族。光著腳奔馳在臺灣陡峭的高山上，即使夜晚目光依舊銳利，方向感佳。面對這樣的民族，臺灣總督府占領之初的對策，基本上是採取「撫育」政策。因為對於語言、生活習慣迥然不同的民族，採取強硬的統治政策勢必會引來反抗。臺灣總督府因此採取使其接觸近代文明，施以教育，慢慢馴化的方式。不過，這對不打算改變原有生活習慣的「高山民」並不管用，也因此佐久間總督終於改變了方針。

「可沒辦法再這麼繼續拖拖拉拉下去，得進行山地資源的開發，沒想到竟然受到這些傢伙的阻撓，可不能使臺灣統治受挫。總之在始政二十週年以前，要制服這些生蕃，讓臺灣全島成為日本人能夠自由地前往任何一個角落的土地。」

佐久間總督提出「理蕃事業五年計畫」，決定派遣軍隊對「高山民」部落的「蕃社」進行掃蕩作戰。當然在作戰開始前事先通告，如果願意投降的話，就不出兵攻擊。如果不願歸順的話，在警告過後就採取殲滅作戰。不論是兵器還是在人力方面，生蕃都沒有獲勝的機會，轉變成這項政策之後，各地的蕃社陸續遭到鎮壓。

一九一四（大正三）年五月，佐久間總督親自上陣指揮，討伐臺灣東部太魯閣的生蕃。據說太魯閣蕃是原住民族中最強悍的一支部族，有數個蕃社分布在廣闊地區裡，日軍在標高兩千多公尺的山上，作戰長達八十天。士兵們在沒有道路的山林裡不斷地挺進，攀爬在幾近垂直的山崖上，掃蕩蕃社。這次的作戰動員了士兵、警察等高達一萬人，死傷人數約兩千人。

此外，當時已經七十歲的佐久間總督也從山崖上摔下受了傷，這個傷迫使佐久間總督在隔年五月，始政二十週年前不久便卸下總督一職，並在同年八月過世。關於太魯閣蕃的犧牲者，由於當時沒有進行正確的調查，因此沒有留下紀錄。

在約三個月的長期作戰之下，太魯閣蕃想必有不少人犧牲。太魯閣蕃因此終於放棄武裝，表示歸順。身穿民族服飾，站在繳出的武器之前，表情膽怯僵硬的「高山民」，和討伐高山民展現傲慢表情的日本軍人，相信這個景象就和明治維新前後，突然出現的歐美人看著當時的日本人一樣。就在半個世紀之前，日本人還處在遭歐美人侵踏的被害立場。

歷經了太魯閣蕃掃蕩作戰之後，原住民族沒有再出現大規模的反抗行動，隔年起總督府再度施行以撫育爲主的理蕃政策。

同年八月，就在佐久間總督終於完全地壓制住太魯閣蕃，正要凱旋回到臺北的時候，一場大戰正在展開。那就是人類史上第一場世界戰爭——第一次世界大戰。由於日本受到來自到同盟——英國軍事協助的要求，因此與德國斷交，成爲聯軍的一員，日本因而從當時剛建國不久的中華民國手中攻下租借給德國的青島，接著進攻德國的殖民地——南洋群島。

這場戰爭對日本而言，可以說是一場「天祐」之戰。因爲原本還在日俄戰爭後的不景氣中苟延殘喘的日本，一下子就因此充滿了活力。因爲主戰場在歐洲，日本沒有直接受到戰爭的影響，反而還從德國手中奪下青島、南洋群島，並且以此爲據點，取得了進出中國大陸與東南亞的機會。甚至取代了無法與亞洲貿易的歐洲各國，

11

⊙太魯閣討伐紀念酒盃。太魯閣討伐之後就沒有再發生過大規模的原住民族抗日活動。

12

⊙寫著「蕃婦機織」的圖繪明信片，還蓋著大正博覽會臺灣館的紀念章。

成功地在亞洲擴展貿易事業，結果日本一下子景氣大爲好轉，再度繁榮活絡。臺灣也因爲有出征的在鄉軍人，戰後氣氛也十分地高昂，在取得青島時，還舉辦了盛大的慶賀會。壓制生蕃後，緊接著攻下青島，在臺的日本人也都變得意氣風發。

彷彿就要跟西歐列強並駕齊驅的日本，不過如果提到當時日本人在臺灣的生活景象的話，臺灣人首先對「這股酷熱在《夏天時的記載》之中，內地人不論男性還是女性，一百人之中有九十人裸身，只綁著一條兜襠布、一條腰巾」（竹中信子《殖民地台湾の日本女性生活史2（大正篇）》田畑書店）的景象感到不滿。

當時被稱爲「本島人」的臺灣人，即使是從事勞動工作的苦力也不會全裸，但是被稱爲「內地人」的日本人，就連「妙齡婦人也都全裸著用屋外的水龍頭洗澡」，因此對當時的臺灣人而言，覺得日本人「『就像生蕃一樣』」（出處同前）。這對現代的我們而言，會對這幅「可恥」、「從來沒見過」的景象感到不可思議，不過浮世繪裡也曾經描繪過只綁著一條兜襠布，或把和服下襬捲到臀部，在鎭上走來走去的男性。不少畫作或照片也都留下了在炭坑裡工作的女性或是海女等，光著上半身只綁著一條腰巾的景象。從這一點來看，可以知道過去的日本人對於赤裸這一件事，似乎覺得相當的稀鬆平常。從這一點也可以看出，就算邁向始政二十週年，在形式上整備好了，不過脫去外層後，實際上臺灣統治仍舊問題重重。

另一方面，日本人看臺灣人也覺得有「問題」。本來就是不同的民族，風俗習慣等自然也不相同，不過其中「吸食鴉片」、「辮髮」、「裹小腳」❽❾這三項，尤其被認爲是「本島舊有之惡習」。

對於「吸食鴉片」的這項惡習，在日本統治臺灣不久後，一八九七（明治三十）年一月就頒布了「臺灣鴉片令」，並且施行鴉片專賣制，從此以後鴉片吸食的人逐漸減少，當時這項政策仍舊持續著。

「辮髮」是從清代開始，漢族男

子在滿族支配下被迫留起的髮型，只留下後側的頭髮，其餘全都剃掉，然後把留下的頭髮留長，編成一條三股辮。臺灣總督府認爲這種髮型在「衛生上」堪憂，不過實際上眞正的原因應該是強烈地不願意臺灣人總是一身清朝的裝扮。對此總督府雖然沒有嚴格限制，但是逐次舉辦「集團斷髮會」。不過相較於突如其來的政令宣導，對解除「辮髮」更具效果的據說是一九一一（明治四十四）年中國大陸的辛亥革命。辛亥革命後，在中國誕生了亞洲第一個共和制國家——中華民國，從此大陸開始流行不辮髮。

「時代改變了，辮髮已經過時了。」

知道大陸的漢人們開始陸續剪去辮子，臺灣也開始了不辮髮的風潮。

這時讓人頭痛的則是「裹小腳」。

裹小腳是漢族固有的風俗習慣，女子從小就用布緊緊地綁著腳，限制腳部的發育，盡可能地把腳型縮小。之所以這麼做的原因在於「對上層社會的女性而言，裹小腳不僅是展現美麗身形的裝飾，同時也是社會身分地位的象徵」（洪郁如《近代台湾女性史》勁草書房）。女性的腳越小越美，因此裹小腳是上流階層婦女的必須條件，中等階層的女性如果裹小腳的話，也有機會嫁入豪門。

把時值成長期的少女的腳強行變小，無法健全發展的腳骨扭曲變形，甚至連腳指的骨頭也全都變形了。雖說這是爲了追求美麗，然而當時的少女們必須要長時間忍受極大的痛楚。裹出來的小腳，不僅無法以眞實的樣子示人，同時也因爲嚴重的扭曲變形，十分地不衛生。大小就像嬰兒般的腳容易跌倒，也無法長時間行走，更遑論運動或是在外工作，這就是當時臺灣上流階層的女性。也就是說在當時臺灣人的社會裡，越是上流的社會，女性就像是擺飾或裝飾品一樣，只要待在一旁即可。只有從事家事或耕種等需要勞動身體的貧窮女性不裹小腳，腳踩在大地上四處走動。

臺灣總督府不斷地正視裹小腳這個問題，一九〇〇（明治三十三）年督促成立「臺北天然足會」，從此以後只要有機會就倡導「解放小腳」。臺灣士紳（實業家、文化人）團體受招待前往日本參觀最尖端的技術、文明的同時，也看到了在社會上工作的日本女性與享受學校生活的女學生。提倡解放小腳的話，女性也能成爲很好的勞動力。此外，一九一五（大正四）年一月，在「保甲規定」上就明確地記載了禁止裹小腳的條文，同一年實施的臨時戶口調查（人口動態調查），及一九〇五（明治三十八）年的調查都同樣地寫著：「裹小腳也屬於『特殊的缺陷』、『人工的缺陷』」（前引《近代台湾女性史》）。

如此耗時地推行意識改革的結果，到了一九〇五年女性裹小腳的比例爲五六·九三%，到了一九一五年下降到一七·三六%，尤其十五歲以下的少女更減至只剩下些微的百分比（出處同前）。

能夠用自己的腳走路、跑步的話，少女們的就學率當然就會跟著提高。這麼一來，評價女性的標準也會從「腳的大小」變成「學歷」。街上也逐漸能夠看到開心上學的臺灣少女們的身影。

⑬ ◉〔上〕西來庵事件的主犯余清芳〔左上〕與羅俊。
照片上的建築物是臺南西來庵〔右上〕與密謀起事的地方。
對於這個事件至今仍有許多令人不解之處。

一九一五年五月一日，陸軍大將安東美貞取代在太魯閣蕃討伐中受傷的佐久間左馬太總督，出任第六任總督。安東總督就任後的第一件大任務就是始政二十週年紀念典禮了。

同年六月十七日，按照原訂計畫在臺北舉行始政二十週年紀念典禮，同時決定一年後舉辦紀念活動「臺灣勸業共進會」❶。那時全新的總督府應該也差不多完成了。安東總督在絕佳的時機點就任，想必安東總督應該也覺得自己很強運。不過就在不久後，總督府被澆了一盆冷水，臺灣發生了一起震撼眾人的大規模抗日事件，那就是西來庵事件（噍吧哖事件）⑬。

主嫌余清芳、羅俊、江定三人，都有過參加抗日運動的經驗。他們在臺南的廟宇西來庵裡除了散布「大正四年日本將要撤退，有大批軍隊要從支那過來」（前引《殖民地台湾の日本女性生活史2》）的傳言以外，還主張要建立「大明慈悲國」，並且宣稱自己有法力，不斷地煽動群眾。甚至宣稱帶著西來庵的護身符就「能夠不受槍砲、刀劍所傷」，以及有一寶劍「僅拔三寸，即可斃敵三萬」（皆出自前引《図説台湾の歴史》）等聳動話語，吸引到了上千民衆。武裝的群衆陸續襲擊公所、警察派出所，看到日本人就予以凌辱、殺害。各地持續了大約兩個月的暴動，日本人的死傷人數衆多。另一方面，日本採取的報復手段也使得「數千名」本島人慘遭殺害。

因爲這個事件遭到裁判的被告，竟然高達一千九百五十七人，「八六六人被判處死刑，但就在執行了九五名死刑犯的處刑後，大正天皇即位，施行特赦，七六六人減刑爲無期徒刑」（伊藤潔《台湾》中公新書）。遭判刑的人數之多令人驚訝，不過更讓人感到可悲的是，當時的人們爲什麼會如此不明就理地相信主事者的荒謬言論呢？這當然和人們嚴重的迷信與執著有關，過去日本的鄉下也發生過類似的情況。不過，當時已經是二十世紀了，是一個連飛機都已經飛上天的時代。即便抗日情緒再怎麼強烈，這個事件的發生也都未免太過無知了。這是最後一起由本島人發起的大規模抗日事件。

一九一六（大正五）年四月十日起爲期一個月，臺北舉辦了盛大的「臺灣勸業共進會」。數個會場裡除了舉辦物產展、商品展示、商談會、文化演講以外，還有臺灣戲劇、傳統舞蹈等的表演，遊樂園、商店等也都整置完善。飛機實體展示讓許多人驚呼連連，還有大相撲臺灣臨時競技會場，讓參觀者狂熱不已。「臺灣勸業共進會」也招待了以第一任總督樺山資政爲首的歷代相關人士前來參加，這對於展現原本被稱爲「化外之民」的臺灣，已經是獨當一面的成人，具有相當好的效果。

另一方面，理蕃政策奏效，大規模的對日抗爭也都沉靜下來。一九一七（大正六）年十一月，臺灣總督府還提出消滅鼠疫宣言。臺灣各地的鐵路路線不斷延伸，也有了供水，煤礦、水果、紡織等公司陸續成立。這時「在臺北，內地人人口已經達到了三萬六千人」（前引《殖民地台湾の日本女性生活史2》），文化、教育、娛樂設施也陸續增加，宗教團體等也從內地被延請來臺灣。當時每天晚上三味線的樂音四處響起，也能聽得到女性嬌嗔的聲音。殖民地這股滿溢而出的好景氣，正向在內地走投無路徬徨無措的男性們，與在時代的浪潮中窮途末路的女性們招手。

另一方面，臺灣人的意識也出現了變化。隨著受教育的機會增加，開始逐漸萌生了人權意識。臺灣總督府雖然對日本人子弟，及對臺灣人子弟、原住民族子弟都施行不同的學制，但教育的機會確實增加了。這也使得受教育者開始思考自己的立場，想要和日本擁有同樣權力的臺灣人逐漸增加。對臺灣總督府而言，原本是爲了企求可用之材所以推行教育，但結果卻像是拿著把刀架在自己的脖子上一樣。一邊給予臺灣人自己思考的力量和機會，一邊卻又想要壓抑逐漸高漲的自由之聲，從這一點已經可以隱約地看到殖民地經營扭曲的一面。

在因爲抗爭活動造成的血腥，已經告一段落的臺灣，接下來則是進入日臺雙方相互往來，捲入衆人各自的企圖與慾望漩渦的時代之中。

第6章 內地延長 1919-1922

◉「公學校音樂隊紀念」。公學校是本島人子女就讀的學校。穿著鞋和木屐的學童們微笑地演奏著。

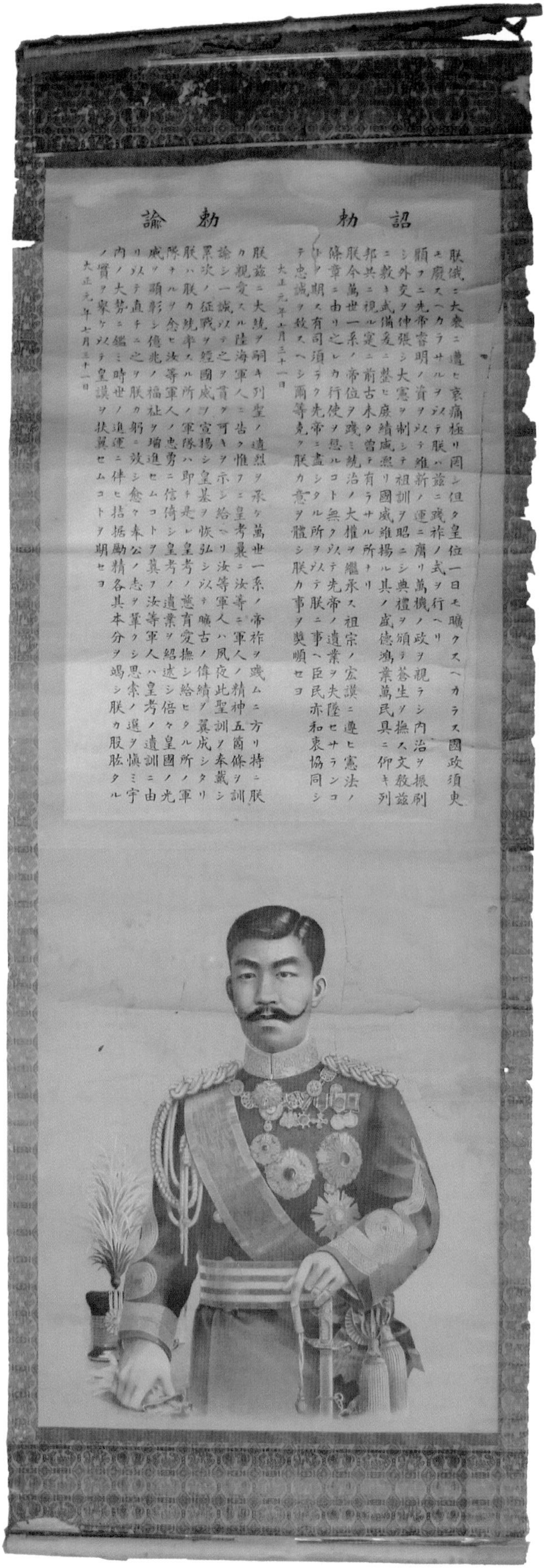

◉附有大正天皇肖像的「詔敕」和「敕諭」掛軸，相當地罕見。

一九一九……（一月）公布第一次臺灣教育令。改正臺灣與內地的教育差異
（大正八）　高砂麥酒株式會社成立
（三月）〈朝鮮發生三一運動〉
（六月）〈巴黎凡爾賽條約〉
〈締結國際聯盟盟約，日本成爲常任理事國〉
（八月）臺灣電力株式會社成立
總督府公布官制改正，朝向文官總督統治之路
（十月）明石元二郎總督因政務和休養之故，搭乘備後丸返回內地，在休養地福岡過世。第八任總督，臺灣第一位文官總督田健治郎就任
（十一月）依循明石總督的遺言，把遺骸葬在臺北日本人共同墓地；臺灣鐵工所成立

一九二〇……（一月）在臺灣設置唯一的總公司——大成火災海上保險株式會社成立
（大正九）　臺北記者倶樂部成立

3

⊙應該是公學校的上課情形。教室後方掛著日本地圖，天花板上垂吊著萬國國旗。

（四月）橫渡淡水河的臺北橋（木造）開通
臺灣炭業株式會社成立
大正醬油株式會社成立
（六月）全島發生大地震，受災嚴重
（七月）臺中廳隘勇線遭原住民族襲擊。警察以下之職位者，七人死傷
（八月）公布臺灣所得稅令
隨著地方官制的改革，變更部分地名
打狗→高雄、打貓→民雄等
（九月）全島發生暴風雨，受災嚴重
（十月）原住民族暴動頻傳
臺北發生霍亂
（十二月）公布國勢調查結果。臺灣總人口數爲三百六十五萬四千三百九十八人
公司成立熱潮，宣布本年度公司成立數爲一百一十六間

一九二一（大正十）……（一月）美國職業棒球團來臺。舉辦全臺棒球隊親善比賽
（四月）制定內臺人結婚的共婚法
（五月）臺灣電氣工業株式會社成立
（七月）〈中國共產黨舉辦成立大會〉
（十月）臺灣文化協會在臺北舉行成立總會。大眾民主化運動正式展開
（十一月）〈原敬首相遭暗殺，高橋是清內閣成立〉
〈皇太子裕仁攝政〉

一九二二（大正十一）……（二月）公布第二次臺灣教育令
〈簽定華盛頓海軍條約，五國共同縮減海軍軍力〉
（三月）公布各種學校官制。原則上採取內臺共學
〈水平社成立〉
（四月）臺北町名更名爲日本式町名
（五月）公布臺灣酒類專賣令。公布臺灣酒精令
（六月）〈加藤友三郎內閣成立〉
（七月）〈日本共產黨成立〉
（十月）臺灣縱貫鐵路海岸線開通
〈日本政府宣布從西伯利亞撤兵結束〉
（十一月）〈鄂圖曼土耳其帝國滅亡〉
（十一月）〈蘇維埃聯邦政府成立〉

4 ⊙〔上〕照片上寫著「麻豆婦女會幹事中村菊惠送別攝影紀念」，是大正九年時的照片。麻豆是臺南的一個地區。本島人女性圍著少數內地人女性。

5 ⊙〔下〕照片上寫著「麻豆公學校長中村龜吉送別攝影紀念」，是大正九年時的照片。照片中有人躺著、拿著酒瓶，呈現率性的自由氣氛。

6 ⊙〔上〕應該是在公學校長家中的宴會景象。甚至還有人變裝，氣氛相當地熱烈。

7 ⊙〔下〕蕃童教育所。「蕃童」指的是臺灣原住民族子女，他們受的教育和本島人子女不同。照片中穿著和服的孩童有人穿著木屐，有人光著腳。

第六任總督安東貞美（一八五三〜一九三二）離開臺灣，接任的第七任總督陸軍中將明石元二郎（一八六四〜一九一九）於一九一八（大正七）年前往臺灣赴任，這一年歷時約四年的第一次世界大戰剛結束，同時也是流行性感冒大流行的一年。這場大流行就像是瘟疫般，形成爆發性的大流行，據說全世界約有五億人受到感染，其中約有五千萬到一億人死亡。這場嚴重的流行性感冒，甚至被認爲是促使第一次世界大戰提早結束的原因。

其實這場流行性感冒起於美國的底特律附近，不過因爲當時最早傳出，與戰爭毫無關係的中立國——西班牙「惡性感冒正在流行中」的消息，因此這場流行性感冒也被稱爲「西班牙流感」。病毒不長眼，因此在日本包括皇族、軍人、政治家等所有階級、職業在內，都因爲這場流感被奪走生命。據說在日本，因爲這場流行性感冒的死亡人數高達三十九萬人，甚至超過四十萬人。以設計東京車站而聞名的辰野金吾、與劇作家松井須磨子之間的緋聞聲名大噪的島村抱月，也都因爲這場西班牙流感病逝。

在當時「流行性感冒」也被簡稱爲「流感」的這場西班牙流感，當然也在臺灣發威。總督府的醫務局衛生課甚至印製了，以「惡性感冒和普通感冒不一樣」爲開頭的「感冒預防之歌」四處發放，呼籲要澈底地預防。即使如此，各地的學校仍舊因爲這場流感相繼停課，軍隊也暫停演習，鐵路甚至還出現人手不足而停駛的情況。

就算不是這場西班牙流感，明石總督赴任時的臺灣，幾乎每年都會發生霍亂疫情，產生許多霍亂患者。明石總督是連他的妻子、親戚都曾經形容過「從結婚以來沒有生過一次病，健壯的人……中略……『是日本最不注重健康的人』」（竹中信子《殖民地台湾の日本女性生活史2（大正篇）》田畑書店），相當地健康，明石總督本人對於這一點也相當地有自信。因爲一上任不久，明石總督就充滿活力地往返內地和本島之間，也在島內四處視察。不過，即使是這麼健壯的總督，也敵不過西班牙流感。一九一九（大正八）年七月，傳出明石總督得了流感病重的消息。之後雖然暫時康復了，但是十月在從臺灣前往日本的船上，病情惡化，之後返回故鄉福岡療養，十月二十六日終於不敵病魔病逝，享年五十六歲。在軍隊中主要從事諜報活動，日俄戰爭時也以謀略而十分活躍，甚至曾經和列寧等人書信往來的明石總督是「日本占領臺灣五十年期間，唯一一位於在任期間過世的總督，同時也是唯一一位將遺骸葬在臺北三板橋的總督」（出處同前）。三板橋是日本人共同墓地一帶的地名，葬在此處是遵循明石總督的遺言。

就在這個時候，日本的政治情勢也產生了變化。從明治維新以來的藩閥政治有了重大的轉變，這時誕生了日本第一個政黨內閣。衆議院議員同時也是立憲政友會的總裁——原敬出任首相，新內閣排除了陸軍、海軍以及外務官員，所有的閣員都由立憲政友會的黨員出任。「始終抱持著殖民地文官總督制想法的原內閣誕生後，也開始展開了制度改革」（黃昭堂《台湾総督府》教育社）的這個時期，恰好正值明石總督病逝，也因此第八任總督就由第一位文官總督，貴族院敕選議員——田健治郎（一八五五～一九三〇）出任。田健治郎是丹波國水上郡的豪農之子，從下級官吏一路出世，

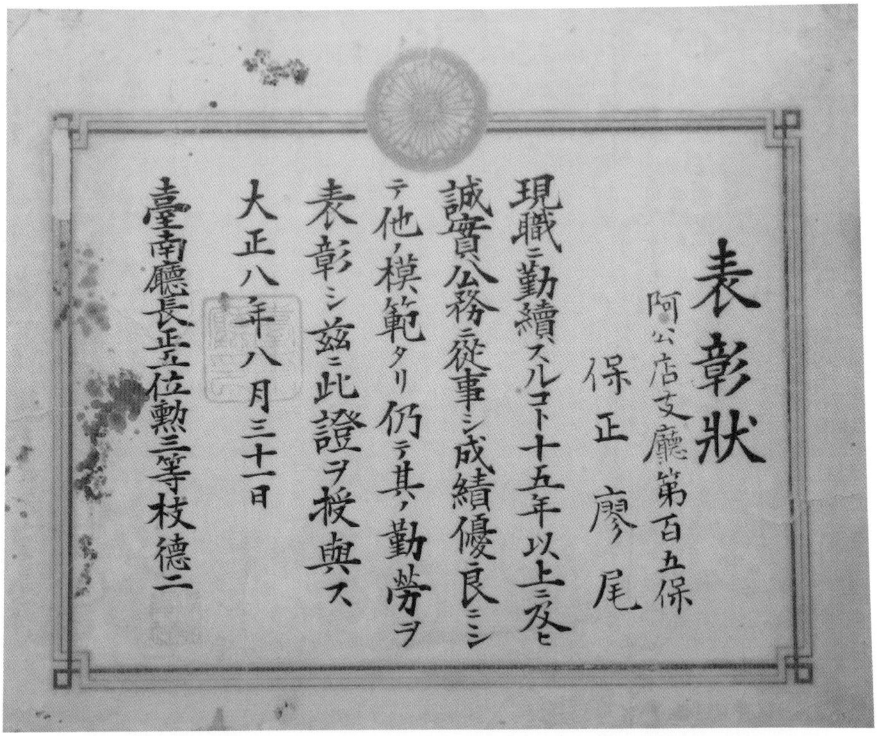

表彰狀

阿公店支廳第百五保

保正 廖尾

現職ニ勤續スルコト十五年以上ニ及ヒ誠實公務ニ從事シ成績優良ニシテ他ノ模範タリ仍テ其ノ勤勞ヲ表彰シ茲ニ此證ヲ授與ス

大正八年八月三十一日

臺南廳長正五位勲三等枝德二

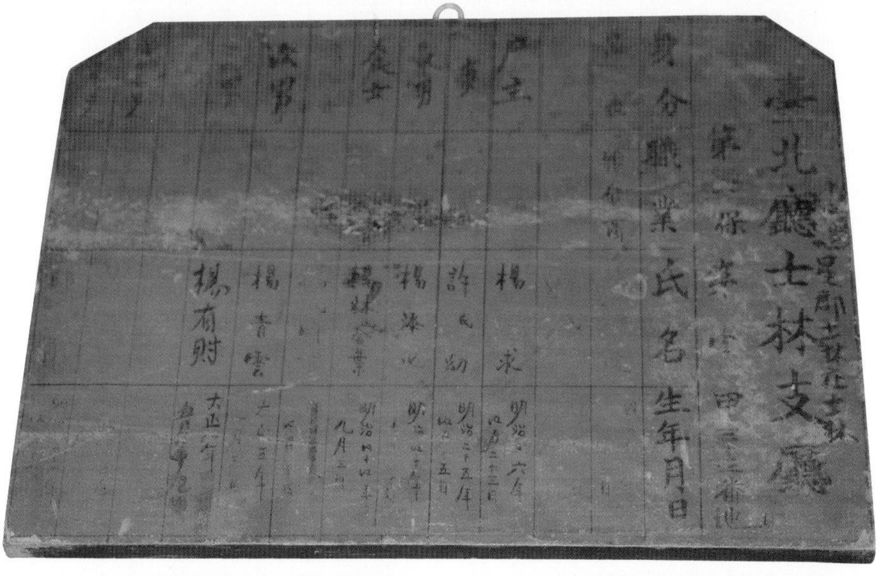

8 ⊙〔上〕保甲制度是為了統治臺灣本島人設置的制度。頒給長年擔任「保」的長官──「保正」的獎狀。

9 ⊙〔下〕應該是當時使用的居住告示板。在地址下方寫著「保正」，從戶長開始，記載了家族全員的姓名和出生年月日。

嶄露頭角。

不過即使新任總督接任之後，西班牙流感也沒有因此停歇，甚至還影響到了原住民族的居住地，也就是「蕃地」。原本就遠離人群，居住在深山裡的原住民沒有抵抗病毒的免疫力。所以如果流感傳入蕃地的話，應該會在瞬間蔓延開來。

原住民族在當時被稱爲「生蕃」，即使外表看起來像是野蠻人，但一九二二（大正十一）年爲了研究原住民音樂而前往臺灣的田邊尚雄（一八八三～一九八四）卻認爲，原住民族實際上是具有豐富的感性、禮貌而且生性伶俐的民族。這段時期田邊透過許多的原住民族接觸到原住民音樂，成功地錄下原住民音樂，並且對原住民族大爲讚賞。

田邊提到：「從他們身上可以看到天神賜給人世間眞正勇敢偉大的男子，與眞正優雅的女子。／即便有任何理由需要獵人頭，這一點都必須要予以教育，除此之外他們的優點眞是不勝枚舉」，反而被稱爲文明人的我們竟然「這麼低層次地相互鬥爭」（皆出自前引《殖民地台湾の日本女性生活史2》）。不過，對於所謂的「文明人」來說，原住民族讓人感到野蠻或恐怖的正是「獵人頭」。

當原住民們親眼目睹到夥伴們因爲流感這個不知名的疾病，一個接著一個倒下的時候，「認爲這是『因爲我們的聖地遭到日本人褻瀆，所以祖靈發怒了』，蕃情因此極度惡化」（出處同前），各地的日本警察、隘勇等遭到襲擊，人頭被獵下，或遭到射殺。甚至就連送藥給原住民族的人，也不明就理地遭刀劍相向。之所以造成原住民族如此情緒化的反應，除了原住民的原有習性以外，流感造成勞動力大減，加上當時正好碰上颱風來襲及嚴冬等災害不斷，導致糧食嚴重不足等，也是主因之一。

面對這樣的情況，田總督下令建造不易受到原住民族奇襲的堅固建築。此外還設置能夠部屬多員額的警備所，並且「令事件的原兇男女等，移居到離海的紅頭嶼，以絕後患」（出處同前），這眞是一項令人感到悲痛的決定。這個作法也許比不分究理地遭到殺害的時代還好一點，然而把因爲飢荒和對流感恐慌，因而發慌、發怒不得不拿刀相向的土俗之人，遣送到偏遠小島的「離島流放」，不禁令人好奇他們之後的遭遇究竟如何。

雖然總督府仍舊與流感、「蕃害」持續對抗著，不過如果要說起田總督時代的最大特色的話，那就是文官總督風格的「教育普及」，與把治臺方針轉換爲「內地延長主義」。

一九一九年臺灣總督府公布第一次臺灣教育令。臺灣教育令的頒布除了改正與內地教育的差異以外，最大的要點之一就是「施行完全普通教育（尤其是女子教育）的同時，也著重實業教育」（洪郁如《近代台湾女性史》勁草書房）。從這個時候開始，臺灣各地開始成立各種學校、實業學校。

這裡之所以提到「尤其是女子教育」，是因爲當時預見了今後要使臺灣社會眞正的日本化，在每個家庭之中，對家族成員具有極大影響力的女性的重要性。

「要推行任何事光是靠外在的力

量，難以達成，也會因此產生反動。應該要著手改變身爲妻子、身爲母親的女性。」

受一定教育程度的女性，在日常生活中理所當然地說日語，保持日本的生活習慣、衛生觀念，丈夫、小孩每天與這樣的妻子、母親相處的話，自然而然地家中就會變得跟日本一樣，因此這些女性正是內臺同化的原動力。

在這稍早之前的臺灣女性，從小就必須忍受裹小腳的痛苦，結果因此被剝奪了在外活動的自由，結婚之後也只能從事在家裡默默地刺繡等，被認爲是婦女美德的工作。不過時代改變了，靠自己的雙腳走路去上學，和友人、老師交談，健康地學習、豐富教養，才有機會成爲新時代的臺灣女性。

隨著一九二二年第二次臺灣教育令的公布，拓展臺灣女性可能性的機會又增加了。在這之前的初等教育主要分爲內地人上小學校，本島人上公學校，第二次臺灣教育令公布後的入學標準是，「能不能使用國語（日語）」。這表示如果從小是在說日語的環境下長大的話，那麼本島人也能進入日本人的小學校。實際上，在學齡前的小孩能身處在說日語環境的比例相當低。即便如此，在這之前關得緊緊的大門，即使只有一點點，也稍稍開啓了。

中學教育以上，則不分臺灣人、日本人都能入學。當然上課全都使用日語，所以在中學裡也講求「國語（日語）能力」。臺灣人女子必須要達到一定程度的「國語（日語）能力」後，才能學習「修身、國語、歷史等思想性較高的科目」，反之主要則是學習「跟生活息息相關的家事、裁縫、手工藝等會喪失特色」（出處皆同前）的內容。所謂的喪失，指的是至今爲止傳統臺灣人的特色，這同時也意味著自我性的喪失。

即便如此，實際上「無論是薪水也好，念書也好，一條清楚的民族界線橫在那裡，處處提醒臺灣人是被殖民者的身分與地位」（周婉窈《図說台湾の歷史》平凡社）。關於這一點，因爲周遭的環境不同而有差異。那麼臺灣的女學生們穿著一眼就能看出學校不同的制服走在街上時，周遭的人又是怎麼想的呢？

「紫色的裙子配上兩條黑色帶子的制服，不知道這究竟是哪吸引著年幼少女們的心，讓她們這麼地興奮不已啊。」

「看著能夠到憧憬的大城市上學的女學生們歡喜的模樣，光是想像她們愉快的心情，就讓人覺得充滿希望。」

「有了『女學生』這個頭銜的女性們，社會評價高，這對年輕女性們具有很大的魅力。」（皆出自前引《近代台湾女性史》）。

這個時期適逢大正民主時期，同時也是內地人的服裝從和服變成西服的過渡時期。想必當時的人們應該帶著特別的目光看著身穿新奇的西式制服，踩著輕快腳步的女學生們吧。能夠成爲女學生，不僅是在受到恩惠富裕環境下成長的證明，同時也代表著充滿光明的未來。

「那樣的女孩，要是嫁進來當媳婦的話，不知道要花多少錢？」

「如果又是個漂亮的女孩的話，託這女孩的福，這家人可就一輩子不愁吃穿了吧。」

當時的臺灣結婚時有所謂的「聘金制度」，娶媳婦的男方家要支付給女方家一筆相當的金額。如果是出身名門或富裕人家的話，聘金的金額也隨之增加，要是新娘又有學歷或美貌的話，那麼聘金則會高到令人咋舌的地步，因此當時也稱這樣的婚姻制度爲「買賣婚」。

另一方面，要是出身貧苦之家的女性則完全相反。當時的臺灣存在著被稱爲童養媳、查媒嫺等惡習，這就像是買賣人口一樣，相當地普遍。童養媳或媳婦仔指的是爲了「兒子將來的太太」，收養年幼的女孩撫養長大，不過之後再賣給他人的情形也十分普遍。如果是查媒嫺的話，從一開始就被當作奴隸對待，將來若是家中的女性出嫁，就隨同一起出嫁，扮演「隨嫁」、「陪嫁」的角色。這些習慣具有「新娘出身家庭尊貴的象徵」（出處同前）意義，因此即使日後受到法律的禁止，但是仍舊透過把童養媳、查媒嫺改登記爲「養女」、「同居人」等方式持續著。由於臺灣有祭拜祖先的家族人數越多越好的觀念，因此也有不少家庭爲了增加家族成員人數收養了許多養子。

在留有這些習慣的島上，有教養的少女們的意識產生了變化，「戀愛」的想法也逐漸地萌芽。不同於過去依循由雙親提出的聘金金額決定結婚對象，不再以「從嫁」的方式，而是轉變成想要以自己的眼睛選擇結婚對象，好好地戀愛後結婚。在這樣情況下的結婚對象包括去日本留學過的本島人，也有內地人。因此當時逐漸出現「內臺人夫婦」的組合。

領臺初期出任民政長官「後藤新平」認爲『教育是把雙刃劍』，指出殖民地民衆只要受必要的最低教育即可」（伊藤潔《台湾》中公新書），但是到了這個時期，臺灣人意識的變化已經煞不了車了。尤其當時已經成了一個一有機會看看外面世界的話，就能夠切身地感受到世界正開始出現大轉變的時代。

10

◉照片上寫著「創立十周年記念 台中師範學校」。現在的國立臺中教育大學。

鄰近的中國大陸繼一九一一（明治四十四）年的辛亥革命之後，一九二一（大正十）年中國共產黨成立，俄國已經崩解，鄂圖曼土耳其帝國也面臨滅亡的危機。如果把目光轉回亞洲的話，和臺灣一樣同樣受到日本統治的朝鮮，於一九一九年發生企圖從日本獨立的「三一運動」。朝鮮總督府對此施以武力鎮壓，日本政府因此學到行使軍事力、武力統治，終將招來反抗。因此不得不改變統治方針，對臺灣施行「內地延長主義」政策。這是爲了不讓擁有知識，想著「自己到底是什麼人」的本島人們的獨立思想更進一步地高漲，只能改採「我們都是日本人」的統治方針。

領臺不久後，自一八九六（明治二十九）年以來，日本政府基於「臺灣與內地諸事皆不同」的想法，公布第六十三號法律「應於臺灣施行法令之相關法律」。在這項所謂的「六三法」之中寫著：「臺灣總督在其管轄區域內，得發布具有法律的效力之命令。臺灣總督集行政、立法之大權於一身」（《台湾史小事典》中國書店），這表示臺灣總督不同於內地的府縣知事等，能夠恣意而爲。受到六三法保障的臺灣總督，在臺灣這座島上甚至可以說就是像皇帝般的存在。

這是基於臺灣這個新殖民地是由許多民族構成，不僅有吸食鴉片的習慣，還有由土匪、原住民族發動難以預測的攻擊事件頻發，內地的法律無法解決這些情況，因而衍生出的對策。六三法頒布之初，有每三年延長有效期限的規定，但是到了一九〇七（明治四十）年改由「三一法」取而代之。名稱雖然變了，不過內容幾乎完全相同。根據六三法（實際爲三一法）制定了「臺灣住民刑罰令」、「臺灣住民治罪令」、「犯罪即決令」、「違憲令」、「浪民取締規則」等臺灣特有的特別法。這些法令、規則明確地區隔了內地人和本島人，這也是助長差別待遇的原因。

「因爲是日本的殖民地，所以臺灣應該是日本的一部分。這麼一來，六三法不就違憲了嗎？」

有個出身臺中，名爲林獻堂（一八八一～一九五六）的人，在三十多歲的時候認識了知名的自由民權運動者——板垣退助，因此眼界大開。林獻堂首先提倡必須成立專門教育臺灣人的學校，因而展開募款並且成立了臺中中學校。接著呼籲臺灣人和日本人平等，成立「臺灣同化會」，進而展開「六三法撤廢運動」。

一九二〇（大正九）年，出現了針對留學日本的臺灣留學生發行的月刊《臺灣青年》，隔年一九二一（大正十）年在醫生蔣渭水（一八九一～一九三一）的提倡下，由林獻堂領頭的「臺灣文化協會」成立。《臺灣青年》是「由臺灣人最早創設的政治運動機關刊物」（出自前引《台湾史小事典》），「臺灣文化協會原本的目的是文化啓蒙，而不是政治運動」（出處同前），即使如此，由於舉辦多場文化演講，進而帶給人們許多刺激。當時是一個無論抱持著什麼樣的想法、主張什麼都能自由表達的珍貴時代。但是一九二三（大正十二）年，攝政宮（之後的昭和天皇）展開了臺灣視察之旅後，被認爲具有思想性的組織遭到解散，這個時候「臺灣文化協會」也因爲開始出現農民運動、勞工運動等政治色彩，因而走向分裂一途。

在之前的第一次世界大戰，日本雖然因爲日英同盟而參戰，不過由於主戰場在遙遠的歐洲，日本得以免於戰火的摧殘，更因爲軍需景氣而繁榮，戰後繼承戰敗國——德國，在中國山東省的權益，太平洋上南洋群島（馬里亞納群島、加羅林群島、馬紹爾群島等赤道以北）也成爲日本的委任託管地。大日本帝國因而躍升成爲五大聯盟國之一。這對美國而言可不是一件有趣的事，因爲在五、六十年前還鎖國了很長一段時間、完全沒有軍事力的黃種人國家，現在竟然和自己平起平坐。對於日本人狂奔似的興起，美國感到相當的不自在。

在一九二二（大正十一）年的華盛頓海軍軍縮會議上，決議美國、英國、日本三國的主要艦隊，持有比例爲五：五：三。表面上雖然說是「軍縮」，但實際上是英美兩國不願被日本超越，而強行推行的軍縮政策。

正當全世界戰時軍需景氣開始消退的這個時期，這項決定不僅日本的海軍，甚至就連陸軍也不得不縮減軍備。總計六萬名的官兵沒了工作，其中有不少人因此去了臺灣。「尉官級的將校志願擔任巡查…中略…將校被發配到教育機關開始協助軍事訓練，這是爲了讓剩餘軍人有工作」（前引《殖民地台湾の日本女性生活史2》）。

由於不景氣，工資便宜的女性雇員增加，一九二一年就連總督府也「裁撤月薪高的資深職員，三月時僱用了三十多名女性職員」，「臺灣最早的女車掌也開始執勤」（出處同前），大稻埕的茶商也僱用了五千多名臺灣女性。在這之前除了老師、護士或特種行業以外，很難想像能夠從事其他工作的臺灣女性，也逐漸地在社會上開始活躍。在這同時，大正天皇❷的姪女柳原白蓮和小七歲的社會運動家宮崎龍介私奔，資生堂也在這個時候開始進口並且銷售「眼影」。

一九二〇年臺灣各地的地名開始陸續改名，針對難讀的字、對日本人而言不容易發音的地名，進行改名，這也有助於改善「臺灣對原住民居住的地名加上犭字邊或口字邊，具有輕視、誣衊意思的借字」（出處同前）情形。

改名的地名包括：

蕃薯寮→旗山　葫蘆墩→豐原
大嵙崁→大溪　林圮埔→竹山
叭哩沙→三星　三角湧→三峽
噍吧哖→玉井　阿緱→屏東
媽宮→馬公　打狗→高雄
阿公店→岡山　錫口→松山
水返腳→潮留　店仔口→白河
艋舺→萬華

等等（出處同前）。

現在臺灣還留有不少日本的地名，如三重、板橋、美濃等等，這些地名過去都是別的名稱，應該也是在同一時期改名的吧。從更改地名一舉可以看到臺灣正漸漸地日本化。

第7章 民主與文藝復興 1923-1926

1 ◉（右）大正十二年裕仁皇太子來臺視察，為此在皇太子視察的路上建造了數座奉迎門。

2 ◉（左）攝政宮搭乘軍艦「金剛」號來臺視察。軍艦上掛著數量驚人的日之丸旗與旭日旗。

3 ◉霓虹燈裝飾著奉迎門，夜晚的氣勢驚人。

4

⊙奉迎門旁穿著木屐回過頭的小女孩。奉迎門的對面排列著看似全新的日式房舍。

⊙這應該是皇太子回到日本後的慶功宴。照片上每個人的表情愉悅輕鬆。還可以看到麒麟啤酒（キリンビール）的燈籠。

5

橋上の展望
淡水河に架せる臺北橋は臺北第一の道路橋で、北基隆から南高雄に通ずる縱貫道路にして交通頻繁を極め又橋上から見る大稻埕の夜景は美しい。
TAIHOKU
TAIHOKU BRIDGE, TAIHOKU.
臺北・臺北橋

6

⊙新完成的臺北橋上。背著日本小學書包（ランドセル）在橋上走著的學童，照片前方的人可能是兜售的小販。

7

8

9

◉鳳梨罐頭上的商品標籤。依切法分為切塊、圓片、半圓片三種。

12 ⊙名為「阿里山事業の概況〔阿里山事業概況〕」的資料。開發阿里山需要大量的預算。

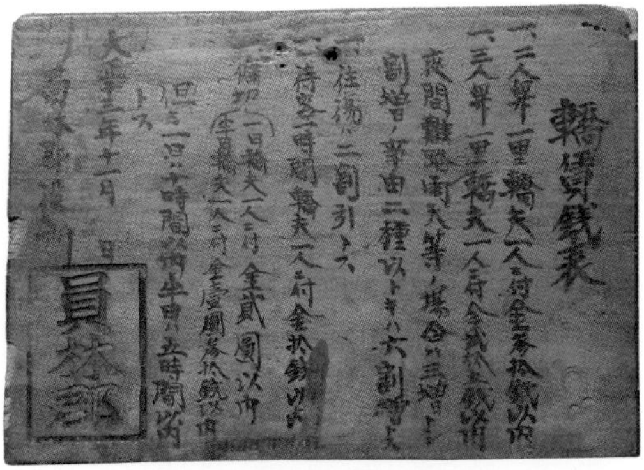

10 ⊙員林郡的「轎賃錢表〔乘轎計費表〕」。「轎」是用肩膀扛運的交通工具，也就是所謂的轎子。

11 ⊙軍事訓練的景象。

一九二三……（大正一二）
（一月）……（圓山運動場），舉行地鎮祭
（二月）臺灣人要求自治的臺灣議會設置運動，臺灣議會期成同盟會因爲治安警察法遭到禁止勸告
〈孫文在中國廣東成立新政府〉
（三月）發布內地學校共學規程
臺灣的中學、師範學校、高等農林學校成爲文部省認可學校
〈中國政府宣告揚棄二十一條要求〉
（四月）裕仁皇太子抵達基隆，展開巡視臺灣之旅，視察全島至二十七日為止。裕仁皇太子將雪山改名為次高山
（六月）蘇澳漁港開港典禮
（八月）臺北青年會，因治安警察法遭禁止結社
（九月）〈關東大地震〉
（十一月）臺灣公益會成立，會長爲辜顯榮。組織御用團體，對抗臺灣議會設置運動

一九二四……（大正一三）
（三月）臺灣議會期成同盟會蔣渭水等十四人，以違反治安警察法遭到起訴
（六月）《臺灣日日新報》的晚報再度發行
內臺定期聯絡船（神戶——基隆直航）一萬噸級的蓬萊丸啟航
（十一月）臺灣文化協會在彰化召開全臺總會，盛況空前

一九二五……（大正一四）
（一月）臺灣施行公制教育令。
（二月）原住民青年首度就讀師範學校
（三月）〈孫文於北京過世〉
（四月）公布治安警察法，臺灣自五月開始施行
（六月）臺北橋完工。工程期三年七個月，建造費用一百四十四萬日圓

一九二六……（大正一五）
（二月）臺灣最大規模的農地水利設施——嘉南大圳的大規模灌溉用水壩——烏山頭堰堤動工儀式
（三月）宜蘭平原土地改良工程動工儀式
改正臺中市町名
（四月）臺灣鳳梨罐頭同業組合成立總會
臺南運河開通
（九月）臺北大稻埕發生霍亂，禁止使用淡水河的水
（十一月）阿里山與新高山之間的登山道開通
（十二月）臺灣電力公司日月潭水力發電所工程，因資金不足中止
〈大正天皇駕崩，改元昭和〉

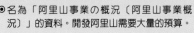

一九二三（大正十二）年春天，期盼已久的裕仁皇太子視察臺灣之旅，終於實現了。父親大正天皇生來便體弱多病，加上從幾年前起身體狀況不佳，無法執行公務。因此大正天皇「不時過著在葉山、日光、沼津的御用宅邸療養」（永沢道雄《大正時光》光人社）的生活，年輕的皇太子到了二十歲，一九二一（大正十）年時便出任攝政宮，代理天皇執行所有的公務。

當時就像之後所稱的大正民主一樣，正邁向時代的高峰。話雖如此，就算現在即使說到「大正民主」，似乎也很難浮現出具體的情景。西化？竹久夢二？新男性、新女性？

如果要試著比喻的話，當時就像是在「世界」這個鍋裡，有滿滿的「時代」之湯正沸騰著，裡頭加入了政治、文化、風俗、習慣、價值觀等各種食材，色彩繽紛地滾動著。這鍋湯裡充滿能量，不過究竟會煮成什麼樣的滋味，讓人完全摸不著頭緒。

日本國內從地方移往都會的人激增，「上班族」、「學生」、「寄宿書生」等大增。沒有財產但是擁有一定知識的一般民衆，隨著對周遭的資訊變得敏感，「大衆」的意識也逐漸養成。另外，雖然職業種類大多受限於「接線生」、「車掌」、「護士」、「女服務員」等，不過投入社會工作的女性也增加了。

隨著資本主義的扎根，在如雨後春筍般出現的報紙、雜誌上，刊載了許多刺激男女老幼消費慾望的廣告，街上的廣告招牌、海報也氾濫了起來。過去只是爲了活著而生活，這個時候則成了懂得裝扮、品嚐、娛樂、享受的時代了。流行歌曲不斷地推陳出新，大衆文學開花結果，也開始拍攝起電影來了。

在明治以前根深蒂固的「士農工商」概念逐漸薄弱，同時更進一步地呼籲廢除差別待遇，還成立了全國水平社。與薩摩、長州無緣的大多數人開始標榜「民本主義」，抱著一般國民也應該參與政治的想法，開始期盼普通選舉的舉行。

另一方面，隔壁的大陸因爲辛亥革命，使得持續將近三百年的清朝走向滅亡，中華民國誕生。接著俄羅斯也發生革命，同樣地將近二百年的俄羅斯帝國劃下句點，歷史上第一個社會主義國家——蘇維埃誕生。

擁有廣大領土的國家、歷史悠久的國家，竟然會因爲民衆的力量和新思潮而滅亡，想必當時鄰近的日本應該驚訝得說不出話來，瞪大著眼睛看著吧。不過，自己也不能什麼都不做，當時的年輕人開始學習馬克斯列寧主義，社會主義運動相當地活躍。一九二二（大正十一）年七月，日本共產黨誕生。在稍早之前，才因爲轟轟烈烈的愛情事件而成爲話題人物的大杉榮，以他爲代表的無政府主義者也積極地活動著。

當時不只是經濟、文化，就連思想也都呈現出一種「什麼都有可能發生」的活絡景象。這樣的動向當然也傳到了臺灣，當時臺灣這股原動力，主要是來自曾經留學日本的臺灣留學生。

曾經打下臺灣統治基礎的後藤新平雖然曾經說過：「『教育是把雙刃劍』，認爲殖民地民衆只要受必要的

13

◉皇太子一行人經過奉迎門。照片前頭的第二人是皇太子，行進的行列非常長。

14

◉從某間建築走出來的皇太子。因為顧忌皇太子的身分，所以當時的照片大多從遠處拍攝。

15

◉皇太子視察時，留下的「基隆重砲兵大隊行啓記念」照片。

最低教育即可」（伊藤潔《台湾》中公新書），在日本的統治之下，生活逐漸安定化，經濟力日漸提升的本島人，把小孩送往內地大學就讀的家庭也逐漸增加。即使家裡貧窮，但是只要被認爲是優秀的人才，經由第三者的經濟援助，出國留學的人也不少。這些留學生們，在日本接觸到和臺灣不同的氛圍，親身地感受到時代的變化，也促成了這些人站在「被殖民者」的角度，開始思考自己的未來。

「我們並不自由。」

「即使是被殖民者也應該要有表達自我意識的機會。」

在將近十年前起，留學生們開始出現這樣的聲音。一九二一年「日本統治下的臺灣，展開以自治爲目標的近代化，及合法的民族運動『臺灣議會設置請願運動』」（出處同前）。同年由學生發起的「臺灣文化協會」也成立了。臺灣文化協會一開始的目的是爲了文化啓蒙，然而臺灣文化協會一年裡在臺灣各地舉行三百多場的文化演講，聽衆高達十一萬人以上，也因而產生了不小的影響。

就在這個時候，皇太子的臺灣巡視即將開始。

當時的總督是第一位文官總督——第八代臺灣總督田健治郎（一八五五～一九三〇）。這雖然也跟強調非軍人統治有關，不過田總督的施政方針在於，強調臺灣「和只以本國的政治經濟利益爲優先的歐美各國殖民地不同」（末光欣也《日本統治時代の台湾》致良出版社），加上田總督表明不激進地促使臺灣和內地同化，提出透過教育政策，最後使臺灣變得和日本一樣即可的漸進式同化政策。也正因爲在這樣的背景之下，臺灣文化協會等得以積極地活動。「不過，這次可不能這麼鬆散，這可是敬畏的攝政宮殿下的視察之旅。可得牢牢地記著，萬一殿下發生什麼不測的話，這可不是賠上我們自己的生命就能夠解決的事。必須要做好萬全的準備，要讓殿下毫髮無傷地完成視察，平安地返國。」

當時年輕的皇太子已經有過遊歷歐洲半年的經驗，也和久彌宮邦彥王的第一公主——良子公主締結婚約，皇太子以年輕輕快的步伐正朝著下一個時代前進。

眞的很辛苦。

從乘坐的火車到御用行李、御用的坐騎、馬車、汽車、近衛騎兵等的準備、食材的調度、衛生設施與隨行人員的準備，甚至連禮物的贈交方式等細微程序，都得一一決定、安排。

另一方面，臺灣總督府針對市民發布「禁止『臺灣議會期成同盟會』結社聚會」（竹中信子《殖民地台湾の日本女性生活史2（大正篇）》田畑書店），甚至出現「在皇太子巡視途中，如果要經過臺灣文化協會的話，從一早就開始進行民宅大搜索，不論男女老幼，凡是進出者都要一一搜身，進行安全檢查」（出處同前）的過度反應。此外，在攝政宮行經的路途上建造了數座「奉迎門」❶，在人們可能與攝政宮有眼神接觸的地方種植樹木。小孩們穿著全新的衣服練習揮舞著小旗子，婦女團體也「製作了一萬個小國旗和櫻花組合的胸章，一個售價十錢」（出處同前）。

四月十二日皇太子一行人搭上軍艦「金剛」❷，四月十六日抵達基隆。皇太子在臺十二天期間，精力旺盛地巡視了臺北、新竹、臺中、臺南、高雄、屏東、澎湖等地。期間包括軍事關係設施在內，也陸續視察了學校、工廠等，除此之外還看了原住民族的舞蹈。至今為止被稱為「生蕃」的原住民族，此時也改稱為「高砂族」，至今被稱為「マハマヤン〔Mahamayan〕」、「シルビヤ〔Shirubiya〕山」都是指雪山，原住民稱之為Mahamayan（マハマヤン），西洋人稱之為Shirubiya（シルビヤ）山）的臺灣第二高山，也被改稱為日本名——「次高山」。

皇太子在臺灣行經之處的建築物，其中不少至今仍被保存下來，或是以種植紀念樹等方式留下紀念。在臺灣受到日本統治之後，出生的第一個世代，這時也成長為獨當一面的成人了。對於這一批年輕世代而言，皇太子的巡行也許讓他們感受到「這麼一來臺灣也成了真正的日本了」，是一件十分具有紀念性的大事。

攝政宮巡行臺灣不到半年，同年九月就發生了震央在神奈川縣相模灣，芮氏規模七・九的大地震——關東大地震。以東京都、神奈川縣為主，茨城、千葉、靜岡等地受到重創。臺灣總督府也立即確認在東京留學的在臺內地人、臺灣人子弟的安危，展開災民回鄉運動，並且馬上開始進行募款。此外，因為震災失去工作、棲身之所的內地人，也開始來到臺灣。

就在慌亂之際，臺灣總督交接。田健次郎總督去任，第九任總督於九月六日就任，隔月到任的內田嘉吉（一八六六～一九三三）也是一位文官，於第五任佐久間左馬太、第六任安東貞美總督期間，曾經出任民政長官，因此對臺灣有一定程度的了解。

現在的我們完全能夠了解到，大地震不只對城市、鄉村造成破壞，地震發生過後的生活氣氛也完全不同，因為再也完全無法回到地震前的「當初」。受災的人們不論是在物理上，還是精神上，都必須找尋新的安身之所，因此對於外在環境抱持著極大的不安。在這樣的情況下，如果政治不安定的話，勢必將會造成極大的不信任感，進而強烈地要求值得依賴的政府。

相信關東大地震後的日本也一樣，生活上才剛剛變得稍微富裕，過著歡喜生活的人們，擁有的一切就像夢境般地消失，因此失了神。當時也因為錯誤的傳言造成的負面評價，奪去了許多人的生命。人們因為悲痛的不安和不滿的情緒高漲，要求實現普通選舉的聲音也越來越多。

在一九二四（大正十三）年的總選舉中，以施行普通選舉和貴族院改革為號召的護憲三派聯盟獲勝，然而日本最早成立的正宗政黨——立憲政友會沒有坐上第一黨的位子，這個結果也影響了臺灣。就任不到一年的內田總督，在東京出差時以自己屬於政友會派為由，提出了辭呈。從此，內田總督沒有再回到臺灣。

內田總督的在任期間雖然短暫，但是在這段期間裡，臺灣在農業方面有顯著的發展，包括香魚、豬隻、茶葉、烏魚子等的銷售額大增，臺灣顯著的發展景象，也拍成了電影在內地上映，此外郵政儲金的額度也增加了等等。實際上，這個時期的臺灣農民確實也變得富裕了。透過品種改良，所有農產品的產量提升，隨著輸出內地的產量增加，變得富裕的農民把所得的利益用來購買土地、房子，甚至開始投資。相較於因爲地震和之後的不景氣，而感到痛苦且意志消沉的內地人，這時候的臺灣正值大好景氣，充滿活力。

就在關東大地震發生一年後，第十任臺灣總督伊澤多喜（一八六九～一九四九）前往臺灣赴任。伊澤總督的哥哥是第一任樺山資紀總督時代的總督府學務部長，打下臺灣學校教育基礎的伊澤修二，新總督以自己的哥哥爲傲。伊澤總督也因此「曾經發下統治臺灣的對象是三百萬的本島人，所以自己是臺灣的總督，而不是內地人總督的豪語」（前引《日本統治時代の台湾》）。這似乎意味著伊澤總督將以本島人的角度展開統治。

然而就在隔年一九二五（大正十四）年四月，日本政府公布了治安維持法，並且宣布此法適用於臺灣、朝鮮、南樺太。臺灣總督府收到命令後，五月十二日開始施行治安維持法。治安維持法表面上雖然是針對共產主義者的法令，但是只要遭取締者被認定是「危險分子」的話，任何人都有可能被貼上「紅色」標籤。從此進入了只要稍微出現反抗的態度，就會被認爲擁有「危險思想」、「赤化中」的時代。

取締行動也波及到了反抗舊有習慣、差別待遇，爭取自我權力的年輕女性們。比如「二二名日本紅十字會看護分部的護士生，深夜離開寄宿宿舍前往草山，無假外宿一晚，也被認爲赤化了」（前引《殖民地台湾の日本女性生活史2》），這種情況眞是令人難以接受。

即便如此，曾經強烈騷動過的社會氛圍，促使了全新的價值觀應運而生，已經萌芽的價值觀無法輕易地被根絕。對「臺灣的獨立性」開始覺醒的人們，包括了曾經和板垣退助往來的林獻堂、曾是醫師的蔣渭水、有留日經驗的蔡培火、戰後成功的金融家陳逢源等，其中有不少人曾經數度被逮捕，遭到懲罰。這些即便數度被捕，遭受懲處，也仍舊始終如一地貫徹自己想法的人們，他們的身影爲臺灣本島人帶來了相當大的刺激，每當這些人被收監時，總是有許多民衆聚集拍手喝采爲他們送行。

「情況變得棘手了，本來就已經問題複雜的臺灣，還有這些人這麼引人注意，實在是太危險了。」

爲了要把人們的目光從政治活動中轉移開來，首先要讓追求「利益」的人們變得醒目。因此，要讓人們確實地感受到，越是協助總督府能夠得到的好處，比以前來得多，所以總督府越來越致力於增加農產品的產量。當時日本市場的人氣農產品是臺灣的香蕉和鳳梨。在臺灣總督府的協助下「臺灣青果株式會社」成立。透過生產者們組成的同業組合，幾乎獨占了銷往內地的臺灣農產品。

日本也因此變得非常喜歡香蕉。可惜的是香蕉的保存時間短，臺灣因此轉而推出鳳梨罐頭[7][8][9]。在官方的主導下，進行技術指導栽種出適合做成罐頭，被稱爲「臺灣鳳梨」的鳳梨品種。浸泡在糖水裡的鳳梨，在內地十分受歡迎，臺灣的鳳梨罐頭也因此發展成一項新的產業。

生活變得富裕之後，本島人也開始欣賞「藝術」，並且有餘力從事創作。雕刻家黃土水（一八九五～一九三〇）在東京美術學校留學期間，以臺灣特有景象爲題材的作品入選帝國美術展，除此之外，人們也逐漸關注音樂、繪畫、文藝等。在庶民之間也和內地一樣，電影成了當時最大的娛樂之一。當時的臺灣甚至可以說正值文藝復興時期。

六月，舉辦始政三十週年的慶賀會。爲了慶賀展開了爲期十天的電台試播，同時也舉辦了展示三十年足跡的紀念展等，「飛機在臺北的上空盤旋，灑放慶賀的宣傳單」（出自前引《殖民地台湾の日本女性生活史2》）等。另一方面，本島人在臺北的艋舺（萬華），於「臺灣人的經濟繁榮背景下，舉辦了六十年來前所未見盛況空前」（出處同前）的媽祖遶境活動，幾天後附近的大稻埕也開始了城隍爺祭。無論是媽祖還是城隍，對臺灣人而言，都是打下到目前爲止生活基礎的重要神明。在日本的始政慶賀活動期間，臺灣人能夠光明正大地舉辦這些慶典，也證明了臺灣總督府對於逐漸富裕的臺灣本島人有了一定的顧慮。這時本島人們的民族意識也提升了。相信當時的臺灣總督府體認到在本島人們的活力，認爲若是強制地抑制本島人的意識，反而會招來危險。

「日本國內哪都有獨具特色的祭典，把這想成和那一樣就好了。」

臺灣總督府眞正的想法究竟是什麼，無從得知。總之當時的總督府以正面積極的態度接受本島人們的風俗習慣。

不光是藝術，運動也開始風行。棒球、網球、田徑等等，裹小腳的時代已經遠去，女學生們也能夠參加學校的長距離遠足活動。隨著基礎建設的整備，人們開始能夠遠行，爬山也變得受歡迎。此外，女性在社會上的活躍身影也受到矚目。

另外，也不能夠忘記這個時期的原住民族。因爲攝政宮來臺視察而被改稱爲「高砂族」的原住民族，老實說這個名稱難以根深蒂固，後來仍舊被叫做「蕃人」，他們的生活也確實逐漸有了變化。

根據一九二五年總督府公布的數據，「原住民戶數爲二萬二五六八戶，人口方面，男性有六萬七〇〇四人，女性有六萬七四一六人，總計十三萬四四二〇人」（出處同前），其中「受教育的學生人數分別爲甲種教育所二三七四人、乙種二〇九七人、高等科三人、師範九人、嘉義農林一人、農業練習所四九人、高女一人」（出處同前），從這些數據可以看出，原住民族的教育有了一定程度的進展。順帶一提，所謂的甲、乙之別是由成績的好壞決定。原住民族教育，首先是讓原住民族的孩童們學習日語，認識新的文化，進而確實地開拓全新的未來。

不過，這卻也衍生出前所未有的問題。那就是原住民族透過學習，產生了新的價值觀，接觸到了日本的文化、生活之後，各個部族獨有的個人意識逐漸崩解。加上相較於過去以狩獵和採集爲生的部族男性，年輕的原住民族女性們更嚮往外表看起來斯文幹練的日本男性。結果出現了以爲嫁給日本人能帶來幸福的想法，但是其中卻有不少原住民族女性和日本男性結婚生下孩子，丈夫回到內地後就被拋棄的情況。也有因爲不願意和由父母親決定的部族男性結婚，最後走上絕路，選擇上吊自盡的原住民族女性。

「如果是這樣的話，什麼都不知道還比較好吧。」

想必當時有不少年輕的原住民族抱著這樣的痛苦想法。不過一旦知道了，就回不去了。而且無關個別的事件，總督府的「理蕃政策」仍舊確實地進行著。許多武器、田地遭奪走的原住民族男性，甚至連祖先代代守護的山林也被奪走，造成許多人被迫從事樟腦製造的工作。受差別待遇、暴力對待所苦的原住民族們一直存在著。

受臺灣總督府所託，長時間持續研究原住民族，甚至被稱爲「蕃通」的森丑之助（一八七七～一九二六），經常對總督府一連串的理蕃政策提出反對的言論，甚至在報紙上發表「內地人的劣行與政策，造成了無數人命和巨額公帑損失的惡果，連山林的自然也遭到破壞」（出處同前）等。嚴厲批判臺灣總督府的森丑之助，一九二六（大正十五）年七月，從返回日本的笠戶號上跳進大海結束了一生，享年五十歲。森丑之助究竟爲什麼做出這個決定呢？

在巷弄裡被稱爲老鰻，也就是所謂的黑道，也變得醒目了。當時的臺灣，已經不是只有曾經光是看到日本警察就會害怕得直發抖的本島人了。開始出現對差別待遇不滿，要無賴，隨心所欲的人們。在某種程度上，這也可以說是理所當然的現象。

另外，臺灣原本就有被稱爲「查媒嫺」的習俗。女童「成了窮困雙親的犧牲品，在年幼的時候就被賣掉，被當作丫環，像女奴一樣地工作著」（出處同前），也因此下層階級的人們一旦生了女兒，就像是「有了一桶金」般地開心。此外，名目上是「養女」的「媳婦仔」（媳婦），還可能被轉賣。臺灣女性從小就落入苦難的情況並不少見，甚至還有人成了老鰻的咀上肉。

當時是一個賺到錢的人越來越富裕的時代，但是也開始出現了無法忍受要一點一滴認眞打拼的人；有即使被關在刑務所服刑，也還在思考著「臺灣未來」的人，反之也有想要沉浸在藝術世界的人。街道整備完善，河上架起了新的橋樑，隨處都染上了日本教育和文化的色彩。

一九二六年十二月二十五日，大正天皇駕崩的消息也傳到了臺灣。比想像中還來得簡單，大正時代就這麼落幕了。

1

日本統治五十年臺灣 圖式年表

第8章 漠然的不安

1927-1930

⊙照片上寫著「櫻の霧社〔櫻之霧社〕」。春天能看到如此美麗景色的山間部落，竟然會成為悲劇的舞臺。

◉當時日本人子女上小學校，臺灣人子女上的則是「公學校」。由於公學校是私立學校，所以只有經濟寬裕的家庭能讓小孩上學。不同於警察，當時的臺灣人整體而言，對日本教師的評價佳。

2

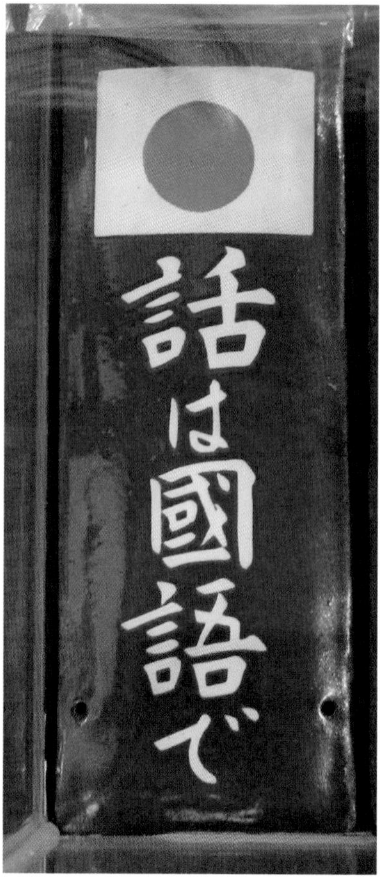

◉琺瑯製的招牌。為了獎勵說日語而製作的招牌。和內地一樣，當時在臺灣的街道開始陸續出現各種標語。

3

一九二七……（二月）從臺北第一中學開始實施學校軍事教練檢閱
（昭和二）
（二月）臺灣第一間金融信託公司開始營業
根據臨時國勢調查結果，至一九二五年十月爲止，臺灣總人口爲三百九十九萬三百八人
（三月）決定針對高等女學校補習科就讀者實施教育科考試，合格者即授予教師資格證
〈金融恐慌持續擴大，日本全國各地銀行發生擠兌〉
（四月）臺灣銀行因爲大筆呆帳出現經營危機
〈蔣介石在南京成立國民政府〉
（五月）〈日本出兵山東〉
（六月）臺北州制定「國語（日語）日」，推行使用國語運動
（七月）〈芥川龍之介自殺〉
（八月）公布臺灣八景，分別爲淡水、基隆旭日之秋、阿里山、八仙山、太魯閣峽、日月潭、鵝鑾鼻、壽山。臺灣神社及新高山列爲特別之景
（十一月）新竹農民攻擊郡公所，一百二十人遭到檢舉
（十二月）臺灣農民組合第一次全島代表大會（於臺中）

一九二八……（三月）〈對共產黨進行大規模鎮壓〉
（昭和三）
（四月）臺北帝國大學成立。臺北——花蓮間的直撥電話開通
（五月）臺灣高爾夫俱樂部成立
（六月）〈暗殺張作霖事件（皇姑屯事件）〉
（七月）嘉南大圳、烏山頭隧道開通儀式（六月十五日開通）
建功神社完成
（十二月）〈張學良與中國國民政府合作〉

一九二九……（二月）公布臺灣教育會募集「臺灣之歌」的當選作品
（昭和四）
（三月）決定重啓日月潭電力工程，新竹街自來水道開始送水
〈兩國競技館內舉辦「臺灣博覽會」〉
（四月）〈大量檢舉共產黨員〉
臺灣電力公司合併臺灣電氣興業株式會社
（五月）〈臺灣大宣傳會，招攬觀光旅客（大阪）〉
（七月）〈濱口雄幸內閣成立〉
（十一月）臺灣人高等文官考試，三人合格。臺灣人醫師劉清景取得醫學博士學位
（十二月）臺灣民眾黨遭警方搜索。臺灣農民組合遭檢舉

一九三〇……（一月）〈廢止金輸出禁令〉
（昭和五）
（二月）臺北電臺ＪＦＫＡ新錄音室成立
（三月）臺東自來水、臺北板橋自來水等開始送水

臺中公學校 校歌

(一)大屯原の朝ぼらけ 椰子の葉風に中公の
旗翻し一すじに 進む足健兒意氣高し

(二)御代の恵を胸にしめ 大勅語肝に鏤り
學びの道を踏分けて 進む健兒意氣高し

(三)いざ我友よ諸共に 知徳を磨き體を練り
御國の花と匂ふべき 二葉豊けく伸び行かん

(四)大肚の流れ滔々と 盡きせぬ努め範として
新高の山湊ぐまで 我學舍の名を揚げん

〈「海與天空博覽會」〈東京、

（四月）嘉南大圳開始引水
修訂鳳梨種苗養成所規則。獎勵發展鳳梨罐頭產業
（七月）三井合名公司（無限公司）的臺灣產紅茶獲選爲農林省優良產品
（八月）〈於東京日本橋三越百貨公司舉辦「臺灣產業展覽會」〉
（十月）臺北市制十週年紀念典禮
霧社事件，一百三十四名日本人遭隨機殺害
根據國勢調查結果，臺灣總人口數爲四百五十九萬四百六十一人，戶數爲八十萬九千七十八
〈決議稱中華民國爲支那〉
（十二月）公布霧社事件中原住民族霧社蕃作亂者總數爲一千二百三十六人

4

◉大奧女官的陶製人偶，底座上寫著「Drink Formosa Oolong Tea（喝福爾摩沙烏龍茶）」。

5 ⊙寫著「霧社行台車〔往霧社臺車〕」的風景明信片。雖然鋪設了簡單的軌道，不過動力是人力。兩名苦力光著腳推著臺車。

6 ⊙日東紅茶。三井物產株式會社自有的「日東茶園」，生產高品質的紅茶。

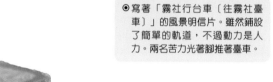

7

◉臺灣總督府交通局鐵道部發行的旅行手冊封面，充滿南國風情。

◉從名古屋出發的臺灣觀光團招攬海報。二等船十五天要價一百五十五日圓，這個價錢是一般大學畢業生薪水的兩倍以上。

8

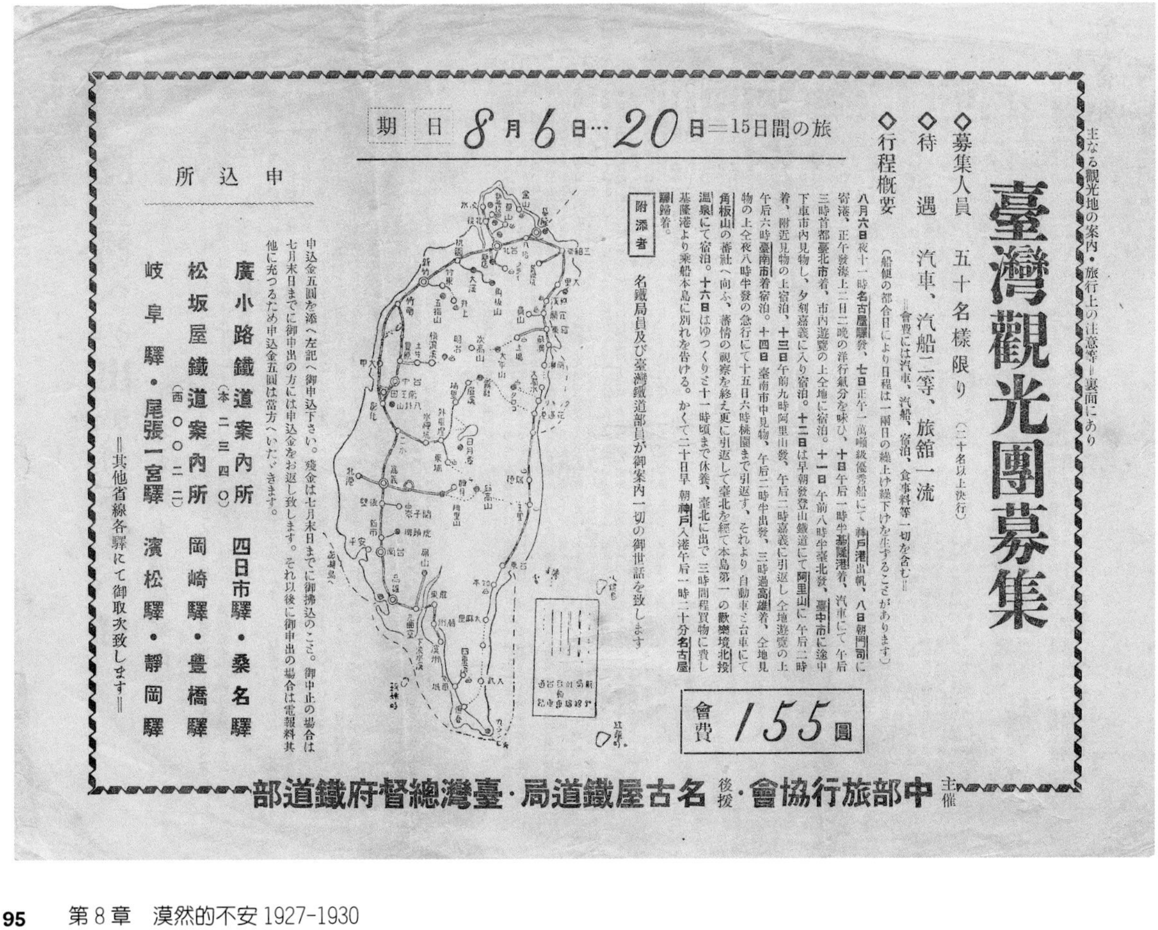

一九二七（昭和二）年七月二十四日，芥川龍之介服毒自殺，三十五歲的年輕作家究竟為什麼會選擇走上死亡這一條路，真正的原因無從得知。芥川龍之介留下了「漠然的不安」一句話，讓當時的人們留下極為深刻的印象。為什麼呢？或許是因為當時人人都抱著一股「漠然的不安」，又或者是已經切實地感到不安了。

如果要追究起這股漠然不安的來源，那應該是四年前，一九二三（大正二）年關東大地震發生後，日本產生了極大的變化。想到今年（二〇一六年）剛好是東日本大地震發生後的第五年，所以不難想像當時日本的變化。我們也都在地震當天切身感受到了「變化」。從那一刻起，隱約地察覺到時代的微妙變化，同時也祈禱著別朝著不好的方向發展。

關東大地震發生後，東京遭受到毀滅性的損害，除了許多的生命、財物被奪走以外，經濟也受到了嚴重的打擊。對此，當時出身憲政會的若槻禮次郎內閣施行「震災票據折扣損失補償令」，令日本銀行進行特別融資。在這項「震災票據」政策下，企業因此得以重振，但是卻也引發了通貨膨脹。

就在這個時候，從老早以前就傳出身體欠佳的天皇，大正十五年底，十二月二十五日於葉山御用宅邸內駕崩。迎接正月的過年準備、寄送賀年明信片等年節活動全都停擺，整個日本變得更寒冷了。就在五年前出任攝政的皇太子裕仁親王繼承皇位，改元「昭和」的第一年，不到一個星期就結束了。

對於好不容易才要從震災中重新振作的人們，在連歌舞樂曲等都被迫謹慎收斂的沉重氣氛中迎接「昭和二年」，想必從新年一開始就感到無比的沉重苦悶吧。此外，這個時候日本各地也已經灑下了金融危機的火苗。因為地震前就已經有不少銀行出現不良借貸，此時呆帳已經到了無法忽視的地步了。在臺灣發行臺灣紙鈔的特殊銀行──臺灣銀行，最大融資對象「鈴木商店」經營惡化，也已經到了逼近破產的窘境了。

三月十四日，片岡直溫藏相在國會上說溜了「（東京）渡邊銀行破產了」，這個消息在隔天見報後，各地發生擠兌，金融恐慌開始。就在日本全國各地都受到這股騷動的波及，「使金融恐慌走上決定性惡化一途的，正是臺灣銀行無路可退的困境浮上檯面之後」（永澤道雄《昭和ひとけた時代（不到十年的昭和時代）》光人社）。

把臺灣銀行逼到窮途末路的神戶「合名會社鈴木商店」，從「砂糖買賣業起家，其中採鐵腕經營的大當家金子直吉和臺灣總督府的關係密切」（出處同前），因此得以從事橡膠、木材、生絲、棉花、鋼鐵等商材的買賣，進而急速成長。光是旗下的相關企業就有六十五家，在當時是一間可以和三井、三菱等並駕齊驅的綜合商社。鈴木商店之所以能夠如此急速地成長，其背景就在於臺灣銀行給予鈴木商店超額的融資。如此大規模的商社，在第一次世界大戰後的不景氣和關東大地震的影響之下，經營急速惡化，已經到了無力回天的地步了。

臺灣總督府考量到臺灣銀行的情況，所以即便當時內地已經發生擠兌騷動，但是仍舊極力地壓住消息，以不讓島民動搖為最優先原則。第十一任臺灣總督──上山滿之進總督率先令本島人「御用紳士」們提供協助，不斷重申臺灣銀行安全無虞。「臺灣島內光是民族等問題就已經具有相當大的特殊性了，為了要鞏固統治基礎就必須要一如往常般地照常營業」（竹中信子《殖民地台湾の日本女性生活史3（昭和篇・上）》田畑書店〔中譯本，竹中信子著，熊凱弟譯，《日治臺灣生活史：日本女人在臺灣・昭和篇（一九二六～一九四五）》臺北：時報文化，二〇〇九〕）。多虧了臺灣總督府的這項政策，正當日本國內各地銀行陸續停業、破產，人們的不安與日俱增的同時，由於這些消息沒有傳進臺灣，所以當時的臺灣人們仍舊過著安居樂業的生活。

就在臺灣銀行中止新的融資案之後，鈴木商店倒閉了。不過，在鈴木商店旗下經營良好，並且認定今後的發展值得期待的企業得以存續。神戶製鋼廠、播磨造船廠（今ＩＨＩ）、豐年製油（今J Oil）、帝國人造絹絲（今帝人）、大日本製糖（今大日本明治製糖）等各企業，還有海運公司等都從鈴木商店獨立出來，並且獲得其他銀行的融資存續下來。

當時的臺灣在沒有得到正確消息的情況下，因為發表「臺灣八景」等話題而熱熱鬧鬧的同時，日本政府可正頭痛著。

「雖然鈴木商店倒閉了，但是臺銀的呆帳也不會因此消失。所以日本政府也只能給予援助。」

一開始日本政府打算讓日本銀行提撥緊急借貸金救助臺灣銀行，不過這個提案遭到樞密院本會議的否決。臺灣銀行因此被迫停業，結果馬上產生連鎖效應，關西、中國地方的銀行也開始陸續停業，就連十五家大規模的銀行也都被迫關門。出任新成立田中義一內閣（政友會）的大物藏相──高橋是清表示：「這可不行」，因此發布緊急敕令，實施二十一天的「延期償付」，並且在臨時議會上通過「對臺灣金融機關資金融資相關法律」。臺灣銀行因此從日銀取得了二億日圓的緊急融資，恐慌才終於緩和。

其實造成當時國民不安的原因除了天災、金融危機以外，還有就是不穩定的政局。除此之外，新問題的出現也使得當時的氣氛更加地不安。那就是社會主義、共產主義、無政府主義等蔓延，及日本政府的強化取締。

田中義一從陸軍大將投身政壇，在一九二八（昭和三）年的第一次普通選舉後，下令逮捕社會、共產主義者（三一五事件），接著發布緊急敕令修正治安維持法，增加特高警察的預算，增編員額。

另一方面，田中首相得知同一年六月在中國奉天（今瀋陽）近郊發生的「暗殺張作霖事件〔皇姑屯事件〕」是關東軍的計謀後，卻選擇含糊蒙混。這是因為田中受到來自軍部、閣員等的強大壓力，但這卻也形成田中義一日後的致命傷。因為隔年一九二九（昭和四）年，田中義一遭到昭和天皇斥責：「事情和你一開始說的不一樣」（原田熊雄《西園寺公と政局・第一卷》岩波書局），而「淚流恐懼」（出處同前）內閣總辭，三個月後田中病死。田中義一以親民的性格獲得愛戴，兩年多的田中內閣時期，確實也成了帶動時代帶向前行的齒輪。

為了呼應日本中央政府，第十二任臺灣總督——川村竹治在臺灣「打出取締共產主義者」政策（前引《殖民地台湾の日本女性生活史3》）。然而一九二八年十月發生了一起十分具衝擊性的事件。一名使用假名從內地逃到臺灣的男子，在被帶往基隆水上署的途中，槍殺刑事警察後舉槍自盡。隔年才知道這名男子就是共產黨書記長渡邊政之輔。當時在臺灣擁有「危險思想」的人與日俱增，同時也開始發生勞工運動等。即便如此，拿著「工業化和經濟南進」的旗幟持續前進的臺灣，還是充滿了內地所沒有的活力。

一九二八年四月臺北帝國大學（今國立臺灣大學）成立，除了附屬的農場

27 Kenko Jinja. Taihoku. (臺北) 建功神社
臺灣統治の犧牲者の英靈を祀る、鎮臺の當初より今日まで軍務公職に殪れたる一萬數千の英靈はとこしへに此處に鎮つて本島を護つて居ます

⊙建功神社。中國式的鳥居上掛著神社的注連繩，過了橋後圓頂狀建築就是參拜處。

9

以外，廣達一萬七千七百坪的校地，在主要幹道上種植了具有南國風情，現在也依舊矗立著的椰子樹，每一顆椰子樹在根部的地方都有著數十公分左右的凹凸處和灰點。據說這是當時樹齡尚屬年輕的椰子樹，在戰爭時受到美軍的空襲所留下來的痕跡。身處當時建成的校舍，彷彿能夠感受到日本舊帝國大學的意趣和風格。

另一方面，同一年在臺北建造完成的「建功神社」[9]在某種程度上，和臺北帝國大學則成了對比。參與建功神社設計的是井手薰。井手薰就讀於東京大學時，師從以設計東京車站、日本銀行總行而聞名的辰野金吾。井手薰之後任職於臺灣總督府營繕課，參與了臺北公會堂（今臺北中山堂）、臺北市役所（今行政院）等許多的建築設計。井手在設計「神社」時考慮到了臺灣高溫潮濕的氣候，與臺灣神社受到白蟻啃食的情況，因而決定捨棄木造，改採鋼筋水泥結構，並且把神社大殿的中央設計成圓頂狀，鳥居則是採中國風的嶄新設計。建功神社是一座考慮到多個民族在這座島上生活的現況，成了任誰都會想要雙手合十禮拜的場所。

建功神社不同於一般供奉神明的神社，在臺灣「因爲社會公共事務的殉職者全都合祀於此」（出處同前），除了軍人、官僚以外，還包括苦力、警察的妻子、護士等也都入祀，總數高達「內地人一萬二千一五九座、本島人二千九八一座、原住民族二一〇〇座，總計一萬五千座」（出處同前）之多。在國籍印象模糊的不可思議建築裡，竟然供奉了這麼多的「神明」。

這一年還有出身金澤的技師——八田與一設計了包含烏山頭水壩在內的嘉南大圳，在花費了十年的歲月後終於完成了，在這之前原本是不毛之地的南部嘉南平原得到廣泛的供水。從此以後，嘉南平原成了一大穀倉。另外，在臺灣各地也開設了水路、水道，架設電燈，鐵路和道路也陸續延伸。

電臺也成立了，娛樂場所也增加了，從內地也有許多文化傳入了臺灣。所到之處都看得到生活便利的景象，當時應該過著相當開心的生活吧。大正時代的現代少男、少女風潮也蔓延到了臺灣。此外，在進出社會的女性將要增加的預期心理下，一九二九年臺北的松井西服店招募女性銷售員，但是過了幾天始終沒有人來應徵。因而出現了「該說是臺灣的現代女性們沒有企圖心嗎？還是不想要那麼墮落呢？」的聲音（出處同前）。

臺灣總督府在內地頻繁地舉辦物產展，並且開始積極地招攬觀光客來臺灣。積極地宣傳臺灣已經不再是傳染病蔓延、各地發生動盪的抗日運動事件、「生蕃」四處作亂的危險之地。

「這是一座有砂糖，採得到樟腦、茶好喝的島唷！要吃吃鳳梨嗎？香蕉也結實纍纍。優雅地搭船前來充滿南國風情的臺灣吧！」

然而不景氣就像是窮追猛打般地，一九二九年十月底紐約證交所股價大跌，發生了「世界經濟大恐慌」。日本各地出現失業潮，小津安二郎導演甚至還拍攝了一部名爲『雖然大學畢業了』的電影，東北地方甚至出現了遭賣身的女性。在這種情況下，究竟有多少人能夠享受優雅的渡輪之旅呢？反倒有不少人因爲窮途末路而來到臺灣，其中包括爲了擔任製糖工廠的勞工等而移民到臺灣的日本人。

不論過去還是現在，在不景氣的時候最受歡迎的職業都是公務員。當時臺灣總督府正在日本各地頻繁地招募警察。

【招募巡查】

考試科目是簡單的閱讀、算術、作文

年滿二十歲以上，三十五歲以下的內地人

準備好應徵動機、履歷表、照片及作答紙（原文爲「半張」，是約24×33cm的西洋白紙）、鉛筆、鋼筆等，於當天上午八點半前集合

詳細內容請向最近的警察署或市町村公所洽詢

從這個招募內容可以知道，當時在日本各地的警察署舉行招募巡查的筆試。然而警察的職務總是伴隨著危險，尤其臺灣警察的職務相當地繁雜。除了維持治安、風紀，處理事件、事故以外，就連調查人口；到各家各戶指導、確認衛生狀況；獎勵日語；從事軍事訓練；集合地區居民等都是警察的工作。此外，從警察和一般居民的人數比例來看，東京是「四五〇人比一，臺灣是……中略……六〇〇人比一」（出處同前），可以知道當時臺灣警察是屬於重勞動的工作。

然而，當時的臺灣警察卻總是仗著權勢欺人。

不，說到警察，雖然戰後日本國內的警察也頗仗勢欺人，不過對當時的本島人而言，警察相當地令人驚恐害怕。即使到了現在，還是會聽到臺灣人對當時受到警察嚴密監控和嚴厲命令的描述，一提到警察，馬上讓人想到「笨蛋」、「你這傢伙」等遭警察斥喝的詞語。警察光是穿著具有威嚴的制服、留著鬍子、帶著武器，就已經夠讓人害怕的了，最令人難以忍受的是以高壓獨裁式的語氣大聲斥喝著。其中當然也有個性溫厚的人，不過整體而言，臺灣人對當時在臺灣的日本警察的印象非常地差。

在招募巡查之前，前往臺灣的警察大多是退役軍人。然而爲了在不景氣的時代生存下來，加上不要求學歷的寬鬆條件下，相信當時有不少不管適合與否、資質優劣的人擔任臺灣巡查。這些人一旦握有了「權力」之後，就成了麻煩人物。仗著自己是支配者，差別待遇已經是理所當然的事，粗暴地對待臺灣人，一有什麼事就用武力壓迫等行爲也不令人意外。

如此暴劣的行徑終於造成了極大的悲劇發生，那就是「霧社事件」。

一九三〇（昭和五）年十月二十七日，位在臺灣中部山區的霧社❶聚落，泰雅族召集六個部落的男性攻擊日本人。這一天霧社公學校舉辦共同運動會，一早校園裡聚集了內地人、本島人、原住民族的子女和觀眾們，人數將近九百人。就在此時約兩百名的武裝者衝進會場，「幾乎殺傷了現場所有的日本人後，接著攻擊派出所、公所、官舍，三天的占領期間

裡，掠奪了武器彈藥後就退回山裡去。在這次的攻擊事件中，一三二名日本人遭到殺害，二一五名日本人受傷，還有兩名穿著和服的臺灣人被誤認爲日本人遭到殺害」（伊藤潔《台湾》中公新書），這是一件不禁令人掩面哭泣的悲痛事件。

霧社是日本統治原住民族的重要據點。從過去就居住在這裡的泰雅族有出草（獵人頭）和黥面的習慣，並且以狩獵、燒荒農業爲生。對日本人而言，自豪並且重視傳統的泰雅族是「野蠻的民族」，因此以「理蕃政策」之名，企圖完全顛覆他們的生活習慣。而在推行理蕃政策的過程中，發揮極大力量的正是警察。

「『蕃地』（原住民族居住地）被視爲特別行政區，警察管轄蕃地的政治、產業、衛生、司法、教育等，警察在蕃地的權力超越一切」（鄧相揚《抗日霧社事件の歷史》日本機関出版センター（日本機關出版中心）），因此蕃地的警察和臺灣城市裡的警察又不一樣。蕃地的警察高傲，完全不理會「濫用職權強姦、掠奪，恣意而爲後就遺棄等」（出處同前）行爲，究竟會招來原住民族多大的憎恨，又或者甚至愚昧地認爲從內地來到這遙遠的深山裡，管理的對象是「生蕃」的話，那麼做什麼也都無妨。

光是憎恨警察個人的話，那麼殺了這些警察就能了事。不過連女人都殺，這應該是累積了相當重的怨念後別無選擇的行爲。究竟爲什麼他們會這麼痛恨日本人呢？

對於狩獵民族的原住民族而言，歸順日本人後首先就被沒收武器，然後被迫從燒荒農業轉爲不習慣的水稻農業。在這個階段下，原住民族失去了長久以來賴以爲生的生活方式。接著由先祖代代守護下來被視爲靈地、聖地的山林，也遭到日本人恣意的開墾，造路、架橋、建造派出所等勞役全都落在部落男性的身上。被稱爲「蕃通」，學習泰雅族語的警察多少試圖想要與他們溝通，不過除了蕃通以外的警察，只要對原住民族稍有不滿意，馬上就會濫用權力。

「這些傢伙不是用嘴巴說說，就懂道理的一群人。」

「用那什麼眼神看人啊，看了就讓人不舒服，有什麼不滿嗎？你這傢伙！」

人種、歷史、文化等不同，人的表情和舉止也不一樣。明治維新時，歐美人也覺得日本不明就裡的微笑讓人覺得不可思議，日本人也覺得歐美人打招呼時，不「點頭敬禮」沒有禮貌。臺灣的原住民族大體上看起來似乎沒什麼表情，然而這卻讓日本人感覺不太舒服。原本光是獵人頭這個習慣就讓日本人打從心底對原住民族感到恐懼，如果再加上若無表情，反而更讓人覺得原住民族桀傲不馴。

日本在各個原住民族的部落裡成立診所和「蕃童教育所」，教授原住民兒童日語，其中優秀者能夠和日本人進入同樣的學校。另外，爲了讓部落的頭目「實際感受『大日本帝國』的富強和威盛」（出處同前），甚至還帶他們到日本觀光。從沒水、沒電的深山一下子被帶到日本的城市裡，相信有不少人因此選擇折服順從。不過，不管受了多少教育、接觸到多少文明，也不一定會覺得自己的民族可恥，或是因此拋棄自己的民族，所以也就不會這麼簡單地崇拜日本，說不定反而引來更大的反抗。

「是打算炫耀嗎？」

「既然這麼富裕的話，那爲什麼還要對我們的土地出手。」

霧社事件的主謀——泰雅族中的賽德克族馬赫坡社的頭目莫那•魯道，也被招待去日本觀光，莫那•魯道的妹妹還嫁給了日本人巡查。這是一項透過讓頭目的女兒或妹妹和內地人警察結婚，使原住民族更日本化的「和蕃結婚政策」。

得以升學的原住民族孩童，或是和警察結婚的原住民族女性，髮型和服裝都和日本人一樣，甚至還有了日本名字。在霧社事件中，就有年輕的原住民因爲夾在日本人和原住民族中間，最後選擇自殺。

面對這場動亂日本方面的因應也很驚人。在第十三任石塚英藏總督的請求下，日本出動了八百多名士兵，加上「武裝警察隊和漢族臺灣人壯丁團（相當於青年團）總共派遣了二七〇〇多名兵力」、「還使用了轟炸機和毒氣瓦斯」（引自前出《台湾》）攻擊起事的六個部落。結束歷時五十多天的掃蕩式作戰後，「戰死者八五人；因飛機轟炸死亡者一三七人；因砲擊死亡者三四人；因『同夥蕃』奇襲隊，人頭遭獵者八七人；上吊自盡者二九〇人」（出自前引《抗日霧社事件の歴史》），總計六百三十三人，約一半左右的部落民喪生。順帶一提，「同夥蕃」是指協助日本的原住民部落。從一點也不能忘記，那就是日本總是利用「以夷制夷」的手段助長部族間的紛爭。

這一起發生在遠離都市深山中的事件，眞相難以向外傳播。光是「霧社」這個名字，大概就只是讓許多人感到莫名蒼涼的不安。這場悲劇之後，又引發了新的悲劇，起事的部落最後只剩下不到三百人，這些人後來被強制遷移，最後從霧社一帶消失了蹤影。

1

臺灣日本統治五十年 圖式年表

第9章 糖與鞭子

1931-1934

⦿讀書的女性。背後是「台灣物產貿易商行」的招牌。

一九三一……（一月）臺灣總督石塚英藏因臺灣霧社事件引咎辭職。民政黨的太田政弘出任第十四任總督
（昭和六）
（二月）社團法人臺灣廣播協會，臺北電臺ＪＦＡＫ開始正式播送
臺灣民眾黨遭下達政治結社禁止令
（三月）歌手淡谷のり子〔本名淡谷規子〕在臺北榮座公演
第一屆臺北帝國大學畢業生畢業典禮
（五月）霧社事件和解儀式，宣告霧社事件正式落幕
臺灣教育會館（今二二八國家紀念館）開館，目的為強化普及國語（日語）教育
（八月）嘉義農林學校贏得日本全國中等學校優勝棒球大會亞軍
（九月）〈滿州事件爆發〉
（十月）〈國連緊急理事會，提出勸告日本撤退滿州之決議案〉
（十二月）反省霧社事件，針對原住民族制定理蕃綱要

一九三二……（一月）臺灣人經營的報紙《臺灣新民報》取得發行日刊的許可
（昭和七）
（二月）臺北市內交際舞廳營業整肅令
〈ＮＨＫ開始展開外地播送，同時在臺灣、朝鮮、滿州播送〉
〈國際聯盟派遣李頓調查團前往日本、滿州〉
（三月）太田總督下臺。政友會的南弘出任第十五任總督
〈滿州國建國宣言〉
〈上海事變，下令日本軍停止戰爭，美國表示不承認滿州國〉
（四月）日本最南端的廣播電臺，臺南廣播電臺ＪＦＢＫ開始播送
（五月）中川健藏出任第十六任臺灣總督
〈上海停戰協定成立〉
〈蘇維埃聯邦政府承認滿州國〉
〈五一五事件〉
（七月）臺灣第一位法學博士誕生
（八月）針對蕃人發布蕃刀配用限制令
（九月）〈日本政府承認滿州國〉
（十月）〈二千二百名日本共產黨員遭到檢舉〉
（十一月）菊元百貨在臺北開幕

一九三三……（一月）臺灣香蕉銷往滿州市場
（昭和八）
（二月）〈國際聯盟總會通過日本軍自滿州撤軍之勸告案〉

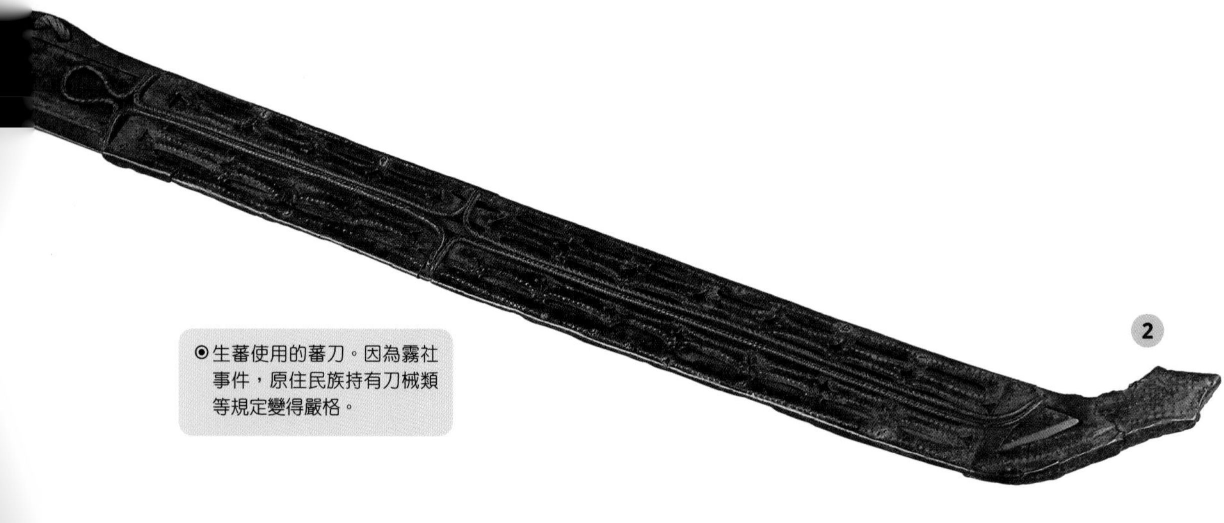
2

⊙生蕃使用的蕃刀。因為霧社事件，原住民族持有刀械類等規定變得嚴格。

3

（三月）實施內臺共婚法
〈日本退出國際聯盟〉
（七月）東京的丸大樓裡成立臺灣物產陳列處及介紹所
（十一月）為了把蓬萊米銷往內地，決定先在大阪堂島米市場上市銷售

一九三四（昭和九）……（一月）〈蔣介石獨裁政權確立〉
（六月）日月潭的水力發電所完工
內臺公共電話及國際電話開始營運
（七月）內臺航路試驗飛機從福岡經由那霸抵達臺北
（十一月）〈日本政府宣告揚棄華盛頓海軍條約〉

4

⊙霧社事件備忘錄，封面上寫著昭和六年。

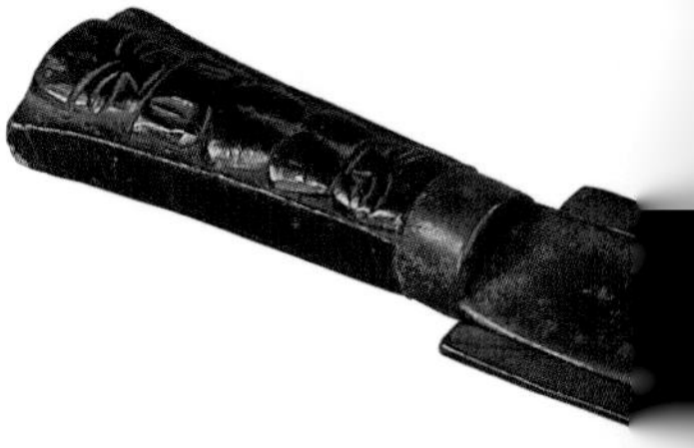

5

⊙霧社事件殉難殉職者之碑，旁邊有兩名孩童。

⊙應該是菊元百貨的型錄。

⊙菊元的領帶。

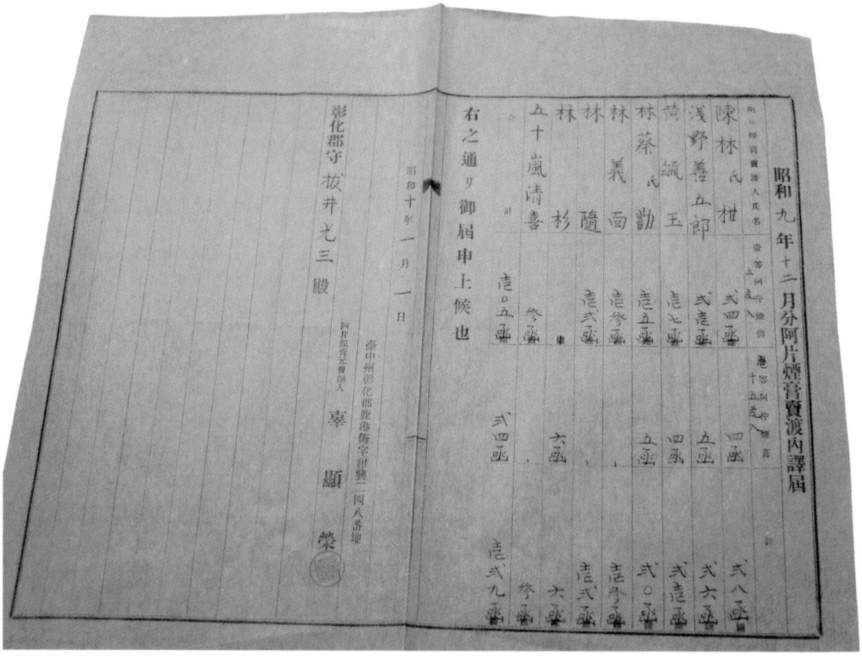

昭和九年十二月分阿片煙膏賣渡內譯屆

陳林氏柑
淺野善五郎
黃瓶玉
林蔡氏勸
林義面
林隨
林杉
五十嵐清喜
計

右之通リ御屆申上候也

昭和十年一月一日

臺中州彰化郡鹿港街字甘興二四八番地
阿片煙膏元賣捌人 辜顯榮

彰化郡守 抜井光三殿

⊙寫著「昭和九年十二月分阿片煙膏賣渡內譯屆（一九三四年十二月鴉片煙膏銷售名冊）」。元賣捌人（經銷商）的名字是御用紳士辜顯榮，辜顯榮透過經銷鴉片等迅速發跡。

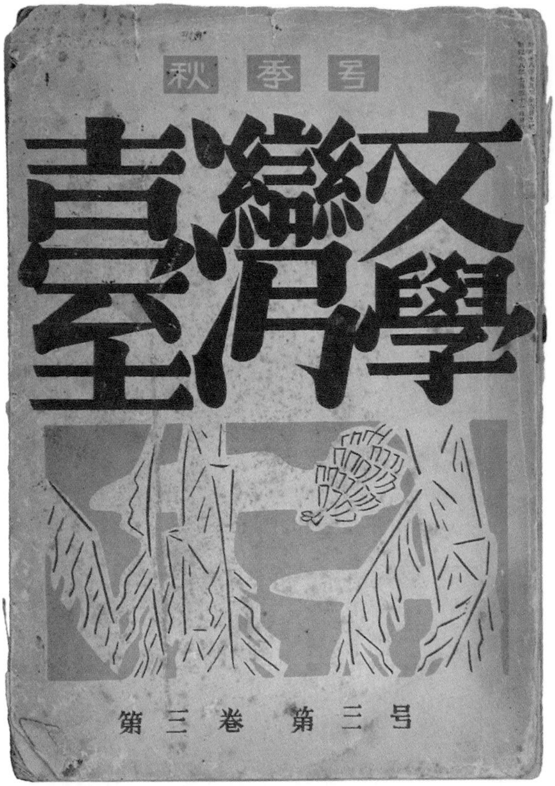

10

9

◉一九三〇年代到四〇年代期間，在逐漸蔚為風潮的文藝熱潮之下，許多新雜誌出刊，照片上分別是《台灣文藝》和《臺灣文學》。

11

Sugar-cane field in Tainan Province

◉在臺南甘蔗田拍攝的日常景象。

12

◉臺中香蕉市場的景象。

一九三一（昭和六）年，新年一開始不久，石塚英藏臺灣總督就因爲霧社事件遭到究責被撤換。前一年十月原住民族抗日事件引發的衝擊甚大，事件結束後仍舊未進行妥善的處分。不過，對於石塚總督遭撤換的背景另有一說，認爲出身貴族院敕選議員的石塚總督，是因爲在貴族院的風評不佳而遭到撤換。

姑且不論此事，在霧社這個深山裡的部落，發生了泰雅族隨機大量虐殺日本人的事件，不光是日本人，就連泰雅族也有太多人因此失去生命。事件的主謀——頭目莫那•魯道率領著不滿的族人起事，這想必是從日本開始統治臺灣之後，在經年累月各種複雜的因素交雜之下，形成了深刻的憎恨。不可否認地，其中大部分的原因來自於日本。雖然無可避免地爆發了這場悲劇，但是不問是非連日本女性、甚至嬰兒都殺害，實在太過殘暴了。

另一方面，日本甚至採取軍隊鎮壓，解決事件的報復行爲，以及數個部落幾乎遭到消滅的殘暴手法，也無法原諒。此外，日本還採取挑撥「生蕃」中，順從日本的「同夥蕃」與「抗日蕃」的作戰方式，讓原住民族相互獵取對方的人頭。最後再對僅存少數人的部落進行強制遷移，以澈底破壞原住民族共同體。對於這一連串的事件，雖然日本作家寫過不少相關作品，不過沒有文字的原住民族，沒有記錄整起事件的來龍去脈。如果原住民族留下自己的紀錄的話，相信對這起歷史事件的看法將會有所不同。

總之，再也沒有像霧社事件這般「以極度的壓力壓迫異文化，進而引發悲劇」如此讓人悲痛的事件了。從霧社事件可以看出，總督府的「理蕃政策」嚴重失敗。

接替石塚總督的是第十四任太田正弘總督。二月三日，太田總督從一開始就帶著家人到任。此舉是爲了展現臺灣這個殖民地，不論是在衛生方面，還是治安方面，已經是女性和小孩都能安全無虞生活的環境。太田總督到任後的隔天首次前往政廳，「訓示爲了善加處理霧社事件，要徹底地分析事件發生的原因，有必要根本並且重新地檢討一直以來的理蕃政策」（末光欣也《日本統治時代の台湾》致良出版社〔中譯本，末光欣也著，辛如意、高泉益譯，《日本統治時代的臺灣：一八九五～一九四五／四六年　五十年的軌跡》臺北：致良，二〇一二〕）。根據事件的調查結果製作出的龐大資料、報告書，五月二十三日「總督府警務局發表了霧社事件調查結果概要，表示事件的背景並無政治性的意圖，宣告此事件落幕」（出處同前）。

雖說霧社事件是一起重大事件，但是因爲事件發生在深山裡，加上本島人沒有受到攻擊的傳言，所以大多數生活在城市和農村的一般民衆，沒有因此感到驚恐，反而很快地就遺忘了這起事件。因爲，比起霧社事件還有其他更讓人感興趣的事，那就是在當時越來越興盛的棒球。

隨著島內基礎建設確實地整備，產業振興也順利地進行著，當時的臺灣從幾年前開始，在各方面的生活都變得富裕了。富裕的人們逐漸地讓孩子接受教育，重視穿著，家裡打掃得整齊清潔，同時也知道了享受閒暇。人們了解到工作之餘，活動身體暢快揮汗的樂趣，同時開始自己演奏優美的音樂，把腦中浮現的想法化爲文字，甚至也知道了作畫的樂趣。

其中在運動方面，尤其是棒球瞬間成了讓青少年們狂熱的競技。在爲棒球歡呼加油的熱潮高漲之中，觀看比賽的人也逐漸增多。臺灣年年高漲的棒球熱，也傳到了內地。在這股熱潮之下，當時甚至還邀請了擁有極高人氣的早稻田大學棒球部來臺灣，舉行了從前一年底到隔年年初的親善比賽。早大棒球部不止在臺北，也到了高雄比賽，在這之前早大棒球部才剛贏了慶應大學棒球部，接著打贏「全高雄」的早大棒球部悠哉開心地回國，而這也使得臺灣各地棒球少年們的熱魂燃燒。

「啊，我也要進早稻田打棒球！」

「要是認眞起來的話，一定辦得到的。我們和內地人相比，哪也不輸他們啊。」

殖民地的本島人們，不論是升學還是就業，總是背負著受到不合理差別待遇的宿命。比如即使考試成績拿到第一，不知爲何最後總是內地人子弟受到表揚，無論展現多麼優秀的實力，到最後總是會以「因爲是本島人」的理由被屏除掉。即便選擇官僚這條路，也絕對無法擔任高階的職務。所以對當時的本島人而言，最好的菁英之路，除了成爲醫生或律師以外，別無他法。

不過，棒球就完全不一樣。一旦到了場上，不論是內地人還是本島人，完全無關。因爲棒球是一項只憑實力相互較勁，取得勝負的運動。光是這一點就足以吸引青少年們努力地追著場上的那顆白球。

這一年（一九三一）的夏天，臺灣成功取得「第十七屆全國中等學校優勝棒球大會」（今全國高等學校棒球選手權大會＝甲子園）預賽資格的是，在此之前默默無名，由近藤兵太郎教練領軍的公立嘉義農林學校（今國立嘉義大學）棒球部。這支由內地人、本島人、原住民族組成的棒球隊，在臺灣島內也相當地罕見。如此默默無名的球隊在大批觀衆守護的甲子園球場上，展現了誰也想不到的快狠攻勢。以迅雷不及掩耳的攻勢擊退強隊，打進決賽的嘉農棒球部，最後雖然敗給了中京商業，但是亮眼地拿下亞軍，整個臺灣因此陷入狂喜的氣氛之中。

當時已經有電臺廣播，就在前一年，大規模的水利灌溉設施——嘉南大圳也完工了，在這之前很長一段時間，位在臺灣西南部的嘉南平原原本是一塊不毛之地，因爲嘉南大圳的完工，重生爲一片潤澤之地。另外，從以前開始強力推行使用日語的政策，使得人人陷入使用非母語的痛苦之中，不過日語反而成了原本無法相互溝通的各原住民族部落，及原住民族和本島人之間的共通語言。

這一年臺北帝國大學也誕生了第一批畢業生。由於當時大學部的科系少，入學的學生人數也不多，不過從第一屆臺北帝國大學畢業生的出現可以看出，不用前往內地，日本最高學府體制下的就學環境在臺灣也一步一步地整備著。另外，包括來自內地的歌手淡谷のり子（本名淡谷規子）、淺草歌劇的田谷力三等在內，知名的歌

13

◉應該是臺北帝國大學第一屆畢業生的日常照。

手、演員陸續來到臺灣演唱、演奏，甚至戲劇表演等。只要懂得日語就能被優美的歌詞觸動，或聽著漫談（單口相聲）捧腹大笑。這時的臺灣和內地之間的差異正一點一點地縮小。

光聽到這些也許會覺得當時是一個正穩定地邁向光明未來、充滿希望的時代。但實際上，當時日本的農業持續嚴重地欠收，農村生活因此陷入悲慘的情況。飢餓、貧困的家庭出賣年輕的女性，男性為了找工作去了城市。但是在城市裡也無法如預期般地找到工作。結果，身無一物的男女絡繹不絕地來到了南國的臺灣。

然而當時的臺灣也受到了不景氣的衝擊，不光是稻米，就連茶葉、砂糖，甚至香蕉的價格也都下跌。造成這個情況的原因之一是「來自中國的勞動者」（竹中信子《殖民地台湾の日本女性生活史3（昭和篇・上）》田畑書店）。來自中國壓倒性多數的勞工，搶走了臺灣的工作機會。不光是季節性的勞工，就連擔任建築工、清潔婦等的中國勞工也都爆增。這麼一來，人數少而且相較之下較為悠哉，抱著小小的夢想從內地來到臺灣的日本人們，當然也就敵不過人數眾多、來自中國勞工的競爭，失去了棲身之所，「新公園、植物園因而成了失業者的居所」（出處同前）。結果這些哪也去不了的日本人，不少人領著補助金狼狽地回到內地。

在這樣的背景下，臺灣和內地一樣，各地開始陸續出現勞工爭議等。不過二月臺灣總督府對臺灣民眾黨發出了禁止政治結社的命令。這代表著臺灣進入了糖與鞭子並行的統治時代了。即便表面上看來多麼地光明歡樂與富裕，但如果要享受娛樂生活還是要有多餘的閒暇與金錢。然而，當時大多數民眾的生活受到了壓迫，雖然不至於窮困潦倒，但也沒有餘力從事閒暇娛樂，對生活感到不滿的人也因此增加了不少。

「正因為如此，必須要開創新的大地。一要開拓滿州！」

滿州原本就被視爲是「日本的生命線」，而且如果不取得滿州的話，來自北邊的蘇維埃共產主義一定會擴展到滿州，進而擴展到日本。就算不是這個原因，中國在孫文率領下成立的中華民國，和蘇維埃之間的關係也正密切地深化著。這表示占領滿州對日本而言，不光是增加農業生產而已，也因此內地的官僚、軍部持續努力地鼓吹著滿州的魅力，讓感到窮途末路的民衆懷抱著前往遼闊大地的夢想，因而出現積極鼓吹前往滿蒙開拓的言論，這樣的消息當然也傳到了臺灣。

「聽說在滿州看得到筆直的地平線耶。」

「聽說在那開墾的田地能變成自己的。」

「聽說很大耶，滿州的夕陽。」

和內地一樣，臺灣民衆追尋新的棲身之所的聲音逐漸高漲。就在這股氣氛之中，九月十八日，滿州事件爆發。

在中華民國奉天近郊的柳條湖，關東軍以滿鐵鐵路遭到爆破爲由，主張應該占領滿州全境，因而展開作戰。對此，中國政府不僅向世界輿論，同時也訴諸國際聯盟，表示日本軍的行動是侵略行爲。

十月二十四日，國際聯盟緊急理事會受理中國的控訴，判定日軍出兵滿州屬於「侵略行爲」，決議對日軍發出撤退勸告，然而日本的攻勢並未因此停止。

隔年，一九三二（昭和七）年一月，上海事變爆發，三月甚至出現了「滿州國」建國宣言。

在這一連串的行動之中，臺灣也受到不小的影響。對部分本島的知識分子而言，日本連自己心目中的故鄉——「唐山」也都打算占領，他們的心情想必十分的複雜。另一方面，日本的行動對於以追求利益爲主的人而言，想到的則是取得了滿州這個大市場。「滿心期待著滿州，這個臺灣米穀、砂糖、香蕉、蔬菜類的大量運銷地」（出自前引《日本統治時代の台湾》），甚至選擇前往滿州升學、就業的人也絡繹不絕。加上「出身臺灣，前往滿州的人，能夠獲得和日本人一樣高額待遇保障」的魅力，其中最難以抵擋的吸引力是「廣大的國土將成爲自己的新天地」。

現在的臺灣，即使同樣是漢民族，還分爲「本省人」、「外省人」。「本省人」等同於日本統治時代的

29 Taihoku Imperial University, Formosa. (臺北) 臺北帝國大學
臺灣最高學府、設備萬端新しきをとり優に日本一を誇る

14

◉臺北帝國大學正門。除了學生的裝扮不同以外，幾乎和現在的臺灣大學一模一樣。

「本島人」，指的是在日本設置臺灣總督府之前，就已經在臺灣生活的人們，「外省人」則是指戰後從中國大陸到臺灣的人。外省人當中還有「唐山」和「半山」之分。「唐山」指的是在中國大陸出生成長，隨著蔣介石率領的國民黨軍一起來到臺灣的軍人和其家屬、商人等，而「半山」則是指在臺灣出生，在日本統治時代時前往大陸，戰後又再度回到臺灣的人。「半山」這個的稱呼帶有諷刺的意味，不具好意。也就是說，不少被稱為「半山」的人是在滿州國建國後，想在大陸另外開創一番新事業，而離開臺灣前往大陸的臺灣人。

當時對於日本軍進出大陸，有人抱持疑問與反對，也有人從其中看到了商機。不過整體來看，當時的臺灣和大多數生活在內地的民眾一樣，順著這股由國家帶頭的軍國熱的人，還是占了壓倒性的多數。自日本統治以來，已經過了將近四十年，就算沒有受過正規的日語教育，日常生活中到處都聽得到「とうさん〔爸爸〕」、「かあさん〔媽媽〕」等日語，當時的臺灣是一個透過耳朵也能學習日語的時代，從父母這一代就受正規的日語教育，能夠說日語的家庭也增加了。和日本人併排著桌子一起學習的女學生們，為「士兵們」製作慰問袋時，費盡心思地想著「如果袋子裡

15

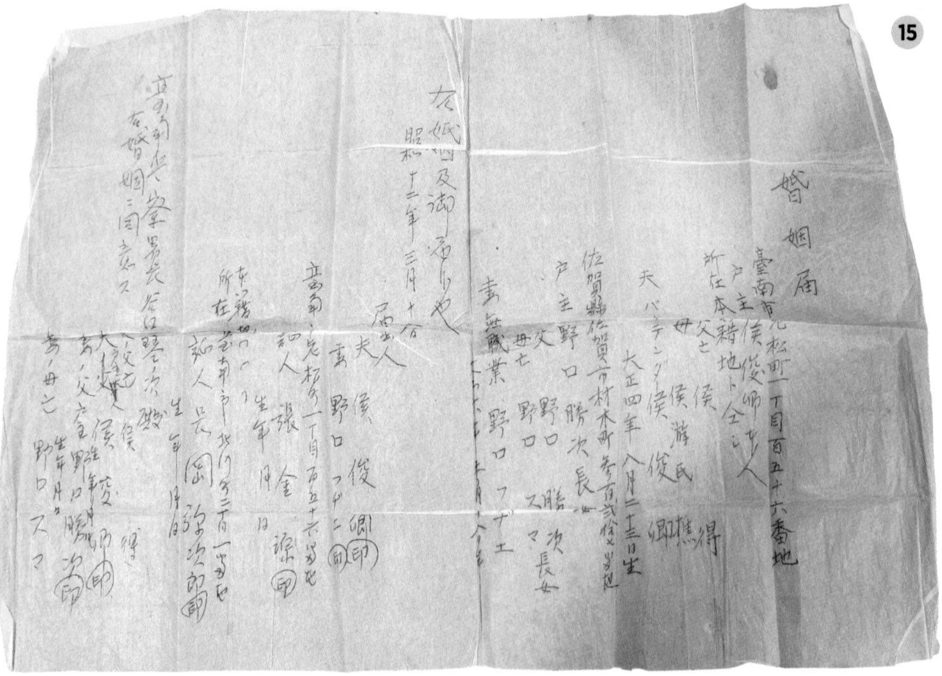
婚姻届

右婚姻及御届候也

昭和十三年三月十日

◉內地人與臺灣本島人結婚時的內臺登記結婚申請書。

裝的是越中褌（日本傳統男性內衣）的話，應該最開心吧」（前引《殖民地台湾の日本女性生活史3》），綁著兩條辮子的少女們想必一邊嬉鬧著，時而紅著雙頰，時而帶著祈禱，爲日本男性縫製著兜襠褲吧。

就在這個時候「內臺共婚法」成立，隔年開始施行。在這之前，內地人和本島人結婚的話，在法律上不被承認，隨著「內臺共婚法」的施行，總算獲得法律上的認可。

不過當時卻出現了「在臺灣生長的女性」（應該是日本人）的不好風評，理由包括：

（一）不喜歡工作。盡是想著如果可以的話，不要工作，吃美食、休息，外表看起來年輕等等的任性想法。也就是所謂的遊手好閒。

（二）遊手好閒，不洗衣服，意志薄弱。

（三）什麼都要顯眼華麗。（中略）在臺灣正流行適合二十五歲女性的款式，即使三十歲左右的女性也毫不忌諱地穿著（出處同前）。

之所以如此，據說是因爲「臺灣的男性對於教養、禮貌毫無關心的程度，讓人十分吃驚」（出處同前），所以才會出現這樣的女性吧。相較之下，時常出現在身邊的本島男性或女性，也就容易讓人產生好感。除此之外，留學時認識了內地的男女，也因此陸續誕生了不少戀人。

「這麼一來，就不用被人指指點點了。」

「可以公開名正言順地說是夫妻了呢。」

不過，實際的婚姻生活，想必有不少辛苦之處。時時警戒著擁有複雜文化的島民反抗活動，在這座臺灣總督府並未明確地施行同化政策的島上，內地人和本島人「相互區隔，互不侵犯」。即使在臺北市內也有日本人町和臺灣人町，臺灣人保持原有的生活習慣與傳統，日本人家庭也過著和內地一樣的生活。如果是臺灣女性和日本男性結婚的話，大多是男性隻身來臺，所以能夠過著開心的兩人夫妻生活，短時間之內，一起回到內地的可能性也相當地高。

不過，如果是日本女性嫁入臺灣家庭的話，除了語言的問題以外，包括家族成員多、飲食習慣不同，還有從祭祖的方式到一年裡多到幾乎數不清的祭祀等，讓人辛勞的事不勝枚舉。即便如此，在法律上能夠被認可爲合法的夫妻，想必爲許多男女帶來極大的安心與希望。

就在這個時期，在臺北最繁華的地區——榮町，臺灣第一間高級百貨公司「菊元」開幕了。就好比內地三越百貨的菊元百貨是臺北市內首屈一指的高樓建築，店內的櫥窗展示了許多高級品，當時送禮時如果使用「菊元」的包裝紙的話，收禮的人也都會十分開心。

一九三三（昭和八）年，臺灣香蕉終於銷往滿州市場了。不過當時的滿州是一個充滿危機的地方。雖然緊接著日本之後，蘇維埃聯邦承認了滿州國，但是在同一年召開的國際聯盟總會上，決議了日軍撤離滿州的勸告案。這表示滿州國在國際上被認定爲是一個形式上的獨立國家，實際上是日本的傀儡國家。滿州國的建國理念是「日本人、滿州人、漢人、蒙古人、朝鮮人」五族和諧地創立滿州國，不過實際上卻受到日本關東軍的強力支配。

對國際聯盟的決定表示抗議的日本代表當場離席，並且在隔月的三月退出國際聯盟，從此日本在國際間處於孤立狀態。另外，從二十九歲的內地普羅文學〔Proletarian literature〕小說家小林多喜，一個的年輕生命遭嚴刑拷問至死等事件，也顯示日本從此進入了思想和言論越趨嚴格壓制的時代。

即便如此，這個時候的臺灣仍舊充滿活力，因爲即將邁入領臺四十週年。終於到了向全世界宣告，臺灣已經不是那個過去飽受地區性疾病威脅的危險島嶼了。

經過不斷改良的臺灣蓬萊米不亞於日本米，而且不同於內地，能夠進行二期稻作。臺灣總督府積極地想要把不用擔心寒害、稻穗飽滿的蓬萊米銷往內地，開始推動內地的銷售計畫，在東京的丸大樓裡舉辦臺灣物產展示會等，當時臺灣總督府積極地推銷臺灣物產。

因爲預算不足而停工的日月潭水力發電所建設工程也重新動工了。臺南的糖業試驗所成立，爲了成功培育出耐蟲害的甘蔗，不斷地鑽研研發。阿里山上的氣象觀測所完工，因而能夠更正確地掌握臺灣附近的氣象狀況。

一九三四年，蔣介石在中國大陸的獨裁政權確立。此時在臺灣的孩童們之間也開始流行起「取蔣介石人頭」的遊戲。

首先，由一個人把包糖果的「包裝紙」，捏成人頭狀，然後藏在學校的後山或墓地裡後，展開搜尋遊戲。女孩們害怕地不敢找，不過男孩們則嬉鬧地開始四處找「蔣介石的人頭」。找到的人就會發出高呼著「拿到頭了」，然後就能得到許多糖果。連年幼的孩童們都玩起這樣的遊戲，可以知道當時不論是內地還是臺灣，都隨時關注著大陸的動向。

這一年，臺灣和內地之間的無線電話開通，還能夠撥打國際電話。連結日本和臺灣兩地的航空線也開始試飛，日月潭的水力發電所終於完工，臺北的夜晚也變得更加明亮。日本統治臺灣之初，協助臺北無血開城，因而與臺灣總督府關係密切，成爲御用紳士的代表，進而累積鉅額財富，總是成爲人們津津樂道話題的辜顯榮終於敕選爲貴族院議員。走到了這一步，辜顯榮可以說是極盡榮華顯貴之事了。

日本國內，在東北地方仍舊一樣荒作嚴重，不止是前往都市的外流人口，就連自殺者也增多了。許多民眾飽受飢餓之苦，失去棲身之所，「飢餓兒童」、「病死路上」等儼然成了當時的流行語，幾乎人人都聽過。另一方面，在遙遠的德國，希特勒成立第三帝國，就在此時日本政府宣告揚棄華盛頓海軍條約。

當時認眞地思考日本究竟要走向何方的內地人或臺灣人究竟有多少呢？當時應該是一個大部分人都想要透過沉浸在接觸藝術的歡愉、運動後汗流浹背的暢快感，即使是短暫的時間也好，只想要稍稍地脫離現實、忘卻時間流動的時代吧。

第10章 慶典過後 1935-1938

◉「秋は台湾博へ」（秋天來臺博）的宣傳詞躍然紙上的旅遊手冊。這應該是一九三五（昭和十）年時的手冊。

1

2

◉臺博的紀念牌和徽章。當時製作了許多這類紀念品。

3

4

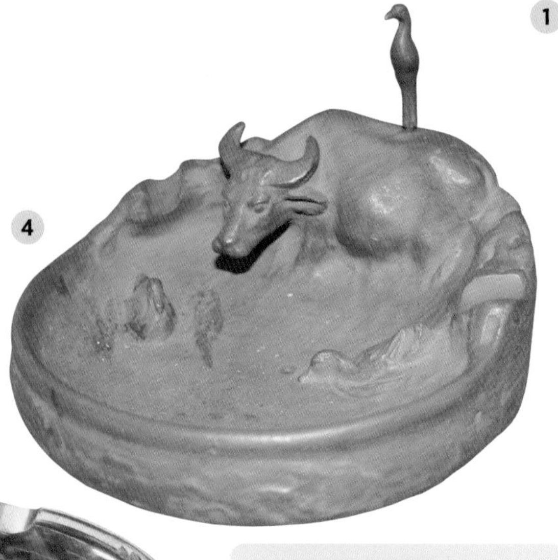

◉同樣是臺博的紀念品—菸灰缸。水牛和白鷺鷥是臺灣的特色風景。

◉臺博紀念品菸灰缸。有臺灣島的圖樣。

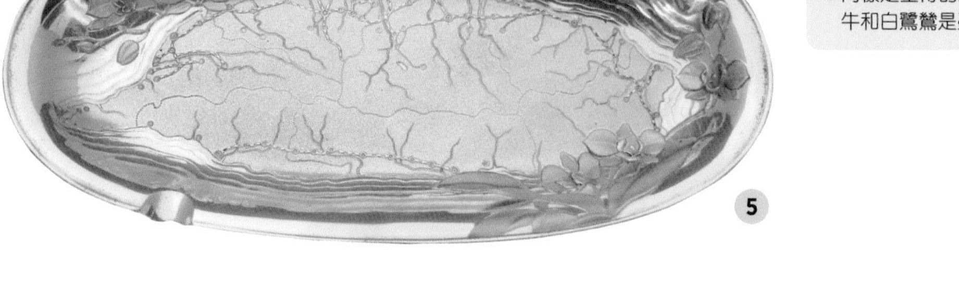

5

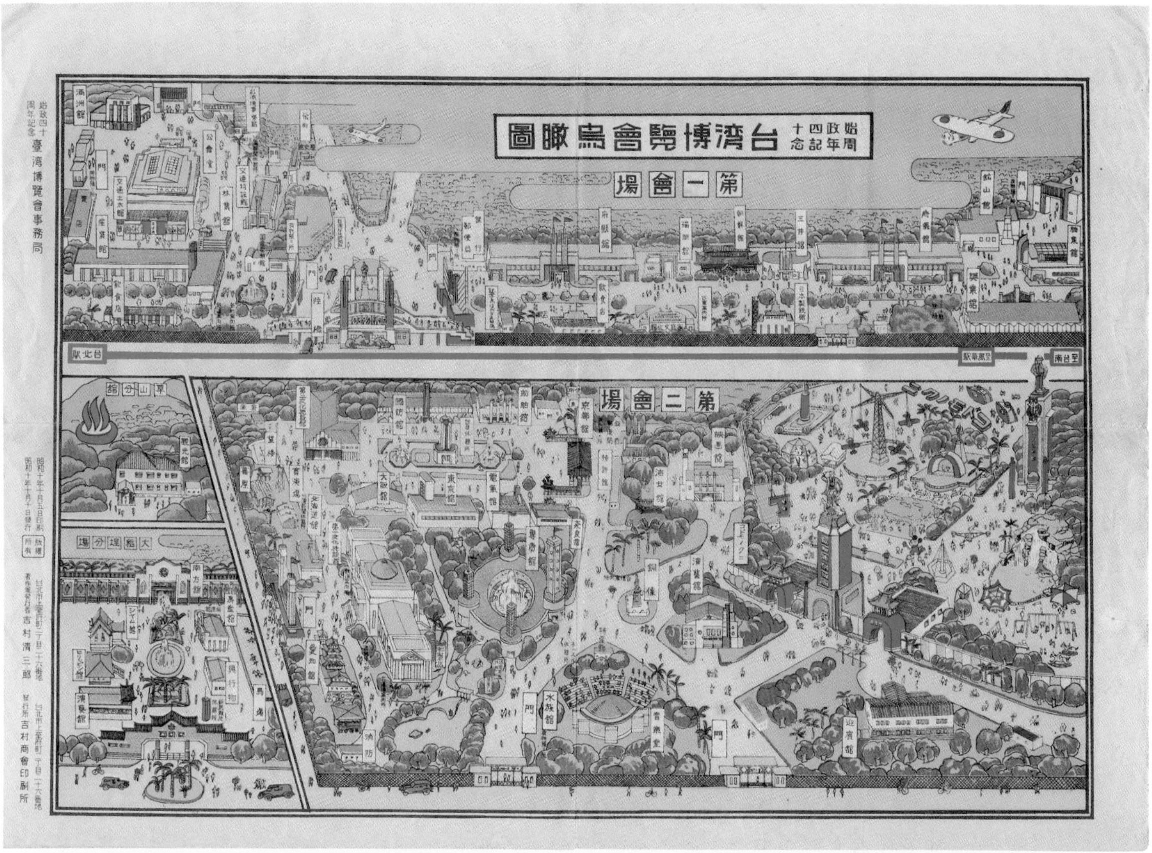

6 ⊙〔上〕標題為「台湾博覧會鳥瞰圖」的手繪地圖。繪有第一會場、第二會場、草山分館、大稻埕分場等，四個會場的詳細手繪地圖。

7 ⊙〔下〕臺灣博覽會的風景明信片。以象徵臺灣近代化建築物等為主題的明信片。

8

◉收有臺中公園和臺中街景的小冊子。照片上的涼亭現在還保存著。

9

◉驢子與農村少年。可能是卸下貨物後，正在休息片刻。

一九三五……（昭和一〇）

（二月）眾議院預算總會通過條件性的臺灣自治制度案〈天皇機關說事件〉

（三月）貴族院通過臺灣自治制度案
展開經常使用國語（日語）運動
推動臺北州教化聯合會
〈日本正式脫離國際聯盟〉
實行原住民族蕃人情操教育，制定歌唱、遊戲、圖畫三項教科

（四月）成立總督府臺灣開發委員會
新竹、臺中大地震

（六月）改正戶口調查、施行規則及戶口調查規則
八月起戶口籍改爲戶籍，女性的姓之後不加氏一字，結婚的女性也不用冠上夫家的姓。原住民族的戶籍上，把熟蕃改稱「平埔族」、生蕃改稱「高砂族」
始政四十週年紀念典禮

（七月）東本願臺灣別院上樑儀式

（八月）訂立臺灣產業開發十年計畫大綱
將開發重點放在山地開發、重工業化、整備交通、南中國及包含南方地區的南進政策
〈確定第一屆芥川、直木獎得獎者〉

（九月）臺北松山機場完工

（十月）始政四十年紀念臺灣博覽會開幕儀式。舉辦至十一月二十八日爲止，參觀人數二百七十六萬人

一九三六……（昭和一一）

（一月）內臺定期航線，一週三班

（二月）〈二二六事件〉

（三月）改定十一種公學校教科書，排除臺灣色彩，統一爲日本意識

（四月）公布國勢調查結果，昭和十年十月一日爲止，臺灣總人口五百二十一萬四百二十六人，和五年前相比，增加了六十一萬九千八百十九人

（八月）公布國民防衛規定；實行臺灣不穩文書臨時取締令

（九月）海軍大將小林躋造就任第十七任臺灣總督
文官總督時代結束。展開南進基地化、皇民化政策

（十月）成立臺灣軍司令部、制定燈火管制規程。通告防空警報規定

◉拍攝於松山機場建造完成後的日常照。留下當時紳士的身影。

10

11

吉野村風景（花蓮港）

◉拍攝於花蓮港吉野村的照片。可以看到日本的農村景象。

一九三七……（一月）決定廢止公學校漢文教科
（昭和一二）（三月）臺灣銀行發行新百圓鈔
（六月）〈近衛文麿內閣成立〉
（七月）〈盧溝橋事件〉日中戰爭爆發
小林總督要求臺灣全官民體認非常時局
臺灣電力日月潭第二水力發電廠完工
（八月）〈日軍出兵北京〉
〈日中兩軍在上海交戰〉
（九月）於總督府成立國民精神總動員本部
（十月）臺東廳原住民成立高砂族皇民協會，協助戰爭
（十一月）〈日德義防共協定〉
〈成立大本營〉
（十二月）首位臺灣人貴族院議員辜顯榮過世，享年七十二歲
一九三八……（一月）決定推行日本人農業移民
（昭和一三）（二月）發布臺北防空警戒令，成立防空監視體制
（五月）公布國家總動員法於臺灣施行之令
（十月）總督府主辦第一屆臺灣展覽會

日本人喜歡「慶典」。慶典不僅祈求、感謝五穀豐收、漁獲滿載，同時也祈願健康消災、全家平安、祭慰祖先，再加上二十四節氣，有時還根據中國典故等，又或者是季節花卉綻放、降雪時也會舉辦「慶典」。不管是寺社、町內會還是學校，又或者是企業、商店、觀光景點等，總之能夠聚集人潮的地方一定會出現「慶典」。

一九三五（昭和十）年臺灣邁入始政四十週年。始政三十週年時舉辦了紀念典禮、美術展，經過十年之後，時代從大正變成昭和，臺灣的發展也終於覺醒了。以臺北為首的街道變得更近代化，交通也變得發達。在四十年的歲月裡，街道上路樹也都變得美麗茁壯，在臺的內地人、習慣了日本統治的本島人，以及曾經遭受嚴厲鎮壓的原住民族們，都逐漸安定下來了。

另一方面，日本雖然看似平穩，但是卻逐漸地開始彌漫著一股奇怪的氣氛。因為一九三二（昭和七）年滿州國建國之後，日中關係惡化，隨之

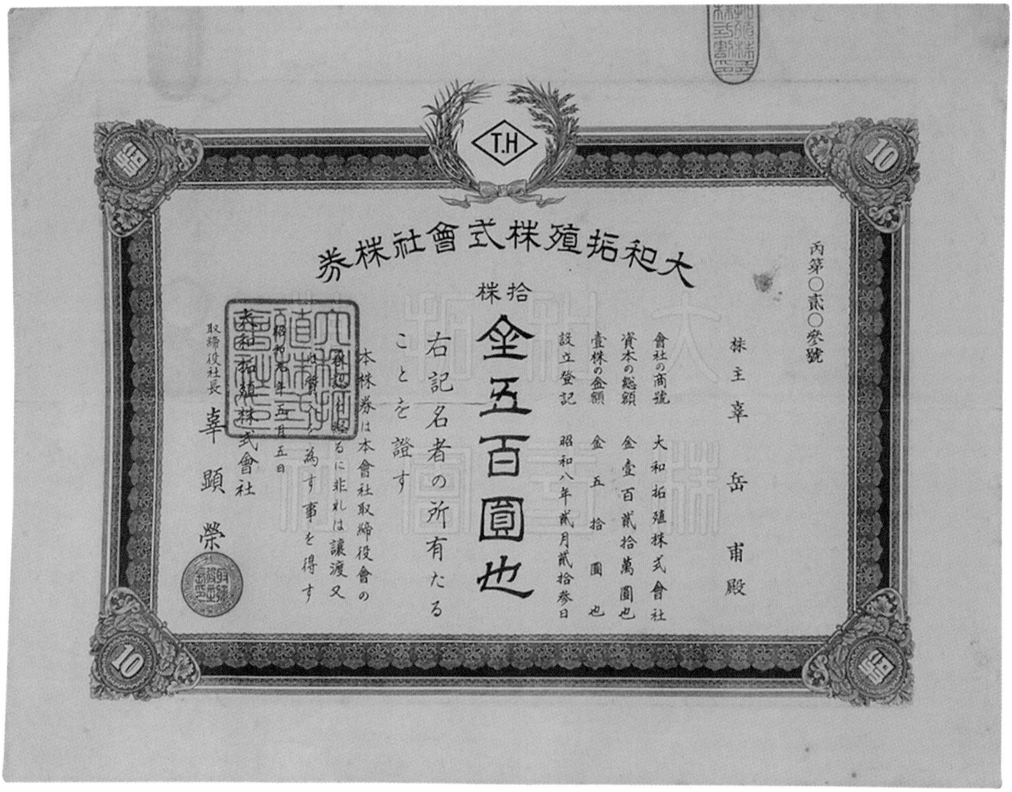

12

協助日軍無血刃入城，從領臺一開始就與日本關係密切的辜顯榮。記有辜顯榮名字的股票。在臺灣總督府的庇護下，辜顯榮做什麼生意都成功。

而來國際關係的緊張氣氛也逐漸升高。軍部的勢力逐漸增強，不景氣依舊持續著，每個國民都背負著一股沉重感。

「正因爲是這樣的時期，才更應該要透過這座島嶼，讓全世界知道我日本國的豐饒和健全性，應該要舉辦盛大的慶典。」

「展覽會等這種活動不夠熱鬧。要舉辦更大規模，動員全日本所有的力量一起進行的活動才行。」

「那博覽會如何呢？官民一體的盛大博覽會。」

「好，那就是臺灣博覽會了！」

這個時期的臺灣總督是第十六任的中川健藏（一八七五～一九四四），是最後一任文官總督，中川總督在正值滿州國建國前後到任，中川總督在當時的訓示表示，要把臺灣定位爲「日本帝國的版圖，島民等同於帝國臣民，不同於其他歐美的殖民地」（末光欣也《日本統治時代の台湾》致良出版社）。

因此，決定從十月十日起舉辦爲期五十天的臺灣博覽會（通稱臺博），主題是『南方的守護之島、文化與躍進的臺灣』，參與單位包括「日本國內的一道、三府、三十二縣，朝鮮、南樺太、南洋廳、滿州國、中國福建省等」（出處同前），如文字所示，臺灣總督府將舉辦一場大型的博覽會。

要舉辦這麼大規模的「慶典」，就必須要有相符的場地。決定會場地點的時候，本島的經濟界提出了強烈的要求，表示希望在和臺北的艋舺（萬華）一樣，自古以來就從事開拓，並且發展成最大的商業區——大稻埕地區設置分會場「南方館」。這個時期的臺灣經濟人可以說相當地積極奮發。另外，在這之前一有什麼情況就遭受驅逐、鎮壓原住民族等，像這樣眞正的參與官方活動可以說是第一次。

首先，成立了執行組織「南方館大稻埕助成會」，南方館大稻埕助成會接受來自主辦單位委託，負責大稻埕會場的管理、維持營運等所有事務。主辦單位不足的經費，全都由地方的捐贈補足，助成會的顧問正是本書一開始提到的，在這四十年期間與臺灣總督府共同成長茁壯的御用紳士代表——辜顯榮。辜顯榮這時已經六十八歲了，辜顯榮在當時甚至還成爲臺灣首位敕選貴族院議員。

在大稻埕設置分會場，顯示了在臺灣的殖民統治順利地推展下，不止是內地人，就連許多本島人在經濟上也都成功發展的證據，同時也證明了在教育的充實整備之下，本島人能夠在自己的判斷下，成立並且營運組織。這對臺灣總督府而言，可以說是展現面子的絕佳機會，對本島人而言，不僅能夠發展經濟，同時也具有強化自尊心的效果。就這樣臺博的第一會場在臺北市內，第二是大稻埕的南方館，加上草山分館等，總共設置了四個會場，同時也在臺南、臺中、臺東等地舉辦各式各樣配合臺博的活動、大會。

在一般民衆滿心期待「慶典」的同時，對爲政者而言，這同時也是遮掩和釋放壓力的好方法。因爲這個時候日本內地完全不是慶典的氣氛，歷史的齒輪正開始一大步一大步地往衝突的方向轉動。

其中之一的衝突就是「天皇機關說」。

「天皇機關說」指的是：「國家在法律之上，被視爲法人之一。如果國家是法人的話，那麼君主、議會、裁判所就成了國家的機關。如果把這個說法套用在日本的話，則日本這個國家是法律上的一個法人，如此一來天皇就成了日本的機關」（宮沢俊義《天皇機関說事件（上）》有斐閣／逗點據原文所引）。這個學說是由東京帝國大學的名譽教授美濃部達吉所提出來的。

同年二月在貴族院本會議上，男爵議員的陸軍中將菊池武夫，針對天皇機關說提出反論演說，認爲這是一項「違背國體的學說」。由於陸軍幹部本來就對天皇具有強烈的崇拜意識，對於與右翼團體互有往來的菊池男爵的這個演說，美濃部博士也提出了「自身答辯」演說，聽過演說後的菊池男爵似乎暫時認同了美濃部博士的論點，不過右翼團體、在鄉軍人會等，已經被挑起的情緒難以壓制，對這個學說不是提出理論性的反駁，而是「不可饒恕」、「不敬」等完全情緒性的不滿言論。

結果「軍部、政黨以這個學說違反『國體』，日本人提倡這個學說是不可原諒之事爲由，向政府要求無條件地禁止。政府順應這項要求，天皇機關說的代表——美濃部達吉的著作遭到停售處分，同時解除美濃部達吉的公職，並且公開聲明禁止天皇機關說」（出處同前）。

在這個事件下，從此確認了天皇不是國家的「機關」，而是具有統治權的主體。軍部也因此高舉「爲了天皇陛下」的旗幟，越來越專橫。

就在天皇機關說事件發生時，三月二十七日，日本終於正式地退出國際聯盟。對於迄今爲止由關東軍獨斷地引發張作霖暗殺事件、滿州事變等，進而在關東軍強大的影響力下建國的滿州國，大多數的國聯成員國認爲「滿州隸屬於中華民國的主權之下」，日本退出國際聯盟正是對這項決議表示不滿的結果。情勢發展至此，日本在國際上已經立於孤立的處境了。

無論是什麼樣的慶典，反而在準備的過程中，最能感受到充實的氣氛。不論剛發生多麼艱困的難題，或是會遭逢什麼樣的意外，只要想著前方有成功華麗的慶典，就會產生一股難以置信的動力和凝聚力，團結一心的力量也會跟著強化，能夠克服大部分的困難。

即使內地持續彌漫著不安的氣氛，然而在遙遠的臺灣，沉浸在準備臺博的高昂情緒之中，聽不見來自內地的消息。臺博預計開幕的半年前，四月二十一日清晨，臺灣中部發生了最大震度六級的大地震。這場地震造成了二千二百五十人死亡，一萬二千人受傷，一萬八千棟房屋倒塌，一萬二百棟房屋半倒。主震後的餘震不斷，罹難者總數超過二十萬人。交通肝腸寸斷，山林崩塌，「因爲臺灣的房屋使用土角（日曬磚瓦）建造而成，所以造成衆多的死傷者」、「十分不幸地，裹小腳的婦女們在逃難的過程中跌倒受傷」（竹中信子《殖民地台湾の日本女性生活史3（昭和篇・上）》田畑書店）的景象，在災區裡隨處可見。

此時包括臺灣總督府在內，警察、軍隊、日本紅十字會等，迅速地因應、協助。馬上成立震災救護事務所，大地震隔天開始受理救援物資等，海軍驅逐艦載著滿滿的救援物資前往受災地，同時開始展開災區緊急炊煮、發配飲用水，並且匯集來自日本國內外大量的援助、捐款等。中川總督從二十四日起也親身前往災區，進行為期三天的災區視察，隔月馬上編列了一千六百萬日圓的災害復興經費。

這個時候，不論是內地人還是本島人，支撐著每個人的應該就是「慶典」了。當時看到災區悲慘景象的人們，應該是抱著一定要讓大家看到災區成功重建的信念，努力收拾著一磚一瓦、照顧著傷者，並且持續地到災區炊煮的吧。半年後，一定要讓從內地來到臺灣參加臺博的觀光客們也來到災區，親身感受臺灣真正的力量。不難想像當時因為要舉辦臺博這個「慶典」，所以人們更加地奮起，相互扶助，每天都發揮著難以置信的力量，致力於災區復興。

就在此時出現了一樁美談，一個名為「君之代少年」的美談。

出身貧農但卻有禮、優秀的十二歲少年——詹德坤，在地震時身負重傷，尤其頭部受到了即使照護都起不了太大作用的嚴重創傷，幾天後就過世的這名少年，在重傷之際唱著「君之代」。這名本島人少年詹德坤在公學校裡學習日語，不過不懂日語的雙親，一開始並不知道詹德坤唱的這首歌的意思是什麼。當他們知道「君之代」的意思後，流下了眼淚。就連醫師、護士和周圍的人也都哭了起來。

這個美談被寫入教科書中，作了一首歌，甚至還立了銅像。

「你聽過詹德坤的事嗎？那個孩子才是本島人的典範啊。」

「詹德坤抱著真正的大和精神死去，真是了不起呢。」

所以活著的我們得要更加努力，或許當時的父母就是這麼告訴子女的吧。

也正因為如此，所以更要舉辦一場吸引歐美各國目光的壯麗博覽會，而且一定要成功。到目前為止，不是有恣意地利用亞洲各國，而且陸續把這些國家殖民化的傢伙嗎。但是我們和他們不一樣，我們是在「天皇陛下底下」齊心向前，要讓大家看看不同於只有壓榨的殖民地經營。

請務必趁著這個機會來南國的臺灣看看，臺灣總督府致力於觀光招攬，街上也陸續蓋了新的住宿設施。據說十月十日臺博開幕前「二十萬張門票在十月五日前已經銷售一空」（前引《殖民地台湾の日本女性生活史3》），這時全臺灣宛如就只有臺博這一件事。

一到了十月，在慶典氣氛逐漸高漲的開幕式前，宛如事先策劃般地施行了地方制度改正、國勢調查，舉行了北白川宮能久親王遺址紀念碑揭幕典禮等，各種活動陸續進行著。到了期盼已久的臺博開幕當天，「申請團體參觀的人數達到九萬人，臺北車站出現了僅次於東京車站，空前的爆滿搭車人潮」（出處同前），正如前面所提到的，臺博開幕的當天，臺灣呈現出熱鬧非凡的慶典景象。在爲期五十天的會期期間，各領域的知名人士從內地前來參觀，據說其中還包括引發「天皇機關說事件」的菊池武夫男爵。

對於喜愛慶典的日本人來說，十分清楚越是熱鬧興盛的慶典，結束後的寂寥感越是難以形容。失去人氣的會場空空盪盪的，一陣風吹過帶來了蒼涼，以及心裡滿是空洞的寂寞感。就在這個時候，曾經視而不見的現實逼近眼前了。

一進入一九三六（昭和十一）年不久後，內地就發生了二二六事件。這是一起由受到皇道派影響，血氣方剛的年輕陸軍將校們所引發的叛變。也因此在當時的報紙上，出現了即使在南島熱切期盼也看不到的純白雪景照片，與血腥的二二六事件的強烈對比。

九月，中川總督帶著臺博的果實離開了臺灣，改由預備海軍大將——小林躋造（一八七七～一九六二）接任第十七任總督。這同時也宣告了文官總督時代的結束，再度開啓武官總督時代。

小林總督上任後首先揭示「澈底的皇民化教育與鍛鍊」。

所謂的皇民化是在「更進一步地強化文官總督時代的同化政策下，『企圖貫徹皇國精神，振興普通教育，匡勵語言風俗，培養帝國臣民忠良的素養』，使臺灣人成爲『天皇陛下之赤子』」（伊藤潔《台湾》中公新書）的方針下，強力地利用前面提到的「君之代少年」等，推行的一項政策。原本在大日本帝國憲法之下，被定位爲「神聖不可侵犯」的天皇地位，在由國家排除天皇是國家「機關」之一的說法之後，越來越走向神格化。

相信當時有不少本島人想著，終於有機會從殖民地被統治者的立場，成爲眞正的日本人了。不過，也有人對於皇民化感到困惑。因爲受日本統治已經超過四十年，本島人的意識也有了很大的變化。隨著產業的發展、經濟力的提升，街道的衛生環境獲得了整備，安全也受到了保障，生活變得越來越便利，同時在充實的教育政策下，出現了被稱爲「新菁英」的臺灣人。

所謂新菁英的家庭，首要條件是夫妻都受過教育，丈夫擁有穩定的職業，妻子不光只是負責家事，也熱心於子女的教育，會記帳也能充容應對，家族成員的關係融洽。和新菁英家庭形成對比，對於落後家庭的典型描述則爲：「父親每天吸食鴉片，體弱多病。母親因爲裹小腳，整天待在家裡，幾乎不外出，因此不知世事，沒有知識。所以無法把店裡的經營交給母親管理，甚至也不知道要怎麼寄送郵物。長女沒有受教育，十分地迷信，整天關在屋子裡，即使是生理不順，也不接受醫生的治療，轉而依賴神明或請道士看病。長男品行不佳，罹患性病……中略……可以十分肯定，這樣的家庭無法子孫繁盛」（洪郁如《近代台湾女性史》勁草書房）。爲了讓這樣的景象消失，就是要施行教育。

爲了不讓內地人瞧不起，首先要從語言下手。如果要成爲日本人的話，就要會說日語，能用日語讀寫，還必須要能用日語思考。越是菁英的臺灣人，這樣的想法越強烈。

「國語〔日語〕之家」⑬的制度也應運而生。在這之前，雖然獎勵說日語，受公學校教育的孩童也能說日常語，不過這個制度是家族全員從日常就用日語交談，生活習慣也達到日本化，獲得認可的家庭便被認定爲「國語之家」。這項制度是由警察負責審查、給予認可。

還記得當時景象的人提到：「警察來的時候，先把年長的長輩帶到屋內的房間裡，藏起平常放置的神像，改擺放日本的神龕，用日語打招呼，各種問題也用日語回答。要是被認定爲『國語之家』的話，就能夠在屋外掛起『國語之家』的牌子。當然只有自己人的時候，都用臺語交談」。雖然原本沒有要求六十歲以上的人要說日語，不過要是能夠被認定爲「國語之家」的話，不論升學、找工作，甚至配給都能享有和內地人一樣的待遇。要是讓子女從小就學習日語，順利進入和內地人子女一樣的小學校，而不是本島人的公學校的話，也有利於日後的升學。因此，讓小孩上幼稚園的父母開始增加，許多新菁英的女性也參加愛國婦女會，這些全都是以父母的立場，企圖從人際關係等層面，爲自己的子女創造有利的升學環境等考量下的作法。

這時候街上開始出現了軍服，終於在這之前只呈現臺博熱鬧色彩的街道，開始出現了「沒有防空、沒有國防」、「不要燙髮」等標語。

一九三七（昭和十二）年七月七日，在北京的盧溝橋日軍和中國國民革命軍發生衝突，日中戰爭爆發。日本政府下令進入國家非常體制，同時要求臺灣總督府進行國民精神總動員運動。八月成立臺灣國民防衛本部，九月全面啓動軍需工業動員法，接著甚至取消臺灣和日本之間一個小時的時差，全都過著以日本時間爲標準的生活。

這一年的年底，大半生極盡榮華顯貴的辜顯榮，在東京的宅邸裡過世。辜顯榮的死也象徵著一個時代的

⑬

⊙被評定為「国語の家〔國語之家〕」後，掛在家門前的牌子。陶製。

結束。

進入非常時期了。

接著，皇民化也必須加速進行，臺灣總督府開始抨擊阻礙皇民化進行的道教等民間宗教、信仰。

「只要祭拜天皇陛下就夠了。如果是日本人的話，就應該這麼做。」

總督府推出「一街庄一寺廟」的整合方針，這項政策使原本順從的本島人與日本人的知識分子之間，起了激烈的衝突。

「剝奪了語言，剝奪了生活習慣，現在竟然連信仰也要剝奪。」

「都已經成了日本人了，有什麼關係嗎？」

「大日本帝國憲法裡應該是保障信仰自由的。」

「竟然如此不知天高地厚，這個世界是有神佛存在的，絕對會受到天譴的！」

爭辯越是激烈，人們原本迷惘的反抗之心，也就隨之而生。這也使得總督府慌亂了，急忙地發表「尊重居民的意思，審慎處理」的聲明，即便如此，整頓寺廟的行動沒有因此停止。

結果，全臺灣約有一千兩百間的寺廟遭到廢除，「被焚毀的神像、牌位多達一萬數千座」（前引《日本統治時代の台湾》）。

伴隨著軍靴踏步的聲響，皇民化持續進行著。孩童們早上到學校後，首先要向供奉天皇照片和教育敕語的奉安殿敬禮，並且在朝會時默念「皇國臣民之誓詞」

〈皇國臣民之誓詞（第一種，兒童版）〉

我們都是大日本帝國的臣民。

我們以心向天皇陛下盡忠盡義。

我們要不斷自我鍛鍊而成爲堅強的國民。

然後遙拜宮城（今皇居）所在地的東方，一邊唱著「海行兮」，以軍艦行進曲的陣容回到教室。青少年或成人在學校、職場裡也要默念「誓詞」。

〈皇國臣民之誓詞（第二種，成人版）〉

我等皇國臣民以忠誠之心報君國。

我等皇國臣民相互信愛協力，相互團結。

我等皇國臣民應培養忍耐之精神以宣揚皇道。

沉重的氣氛壓著人們，在這時一有機會浮現在腦海中的，正是那個「慶典」，從早到晚準備臺博的這個「慶典」，然後迎向開幕的激昂感。如果還有機會體驗相同，不，比這還高昂的氣氛的話，那就只有「勝戰」了。贏了戰爭，超越臺博慷慨激昂的喜悅和興奮將會重現。所以現在只能忍耐，越是忍耐，喜悅必定越大。

無論是否意識到這件事，當時人們心中想必一邊不時地在某處浮現，那場刻印在心中「慶典」的美好回憶，一邊走向必須不斷堅忍的時代。

1

第11章
登上新高山
1939-1941

⦿臺灣神社的手繪風景明信片。比照片更具珍貴性的作品。上面寫著被稱為「大正広重」的吉田初三郎的作者名。

⊙「官幣大社 台灣神社」的彩色明信片。 2

3

⊙一九三九年元旦，前往臺灣神社參拜的家族紀念照片。這時少年的身上穿的已經是國民服了。

4

◉以原節子為封面人物的雜誌《婦人俱樂部》別冊附錄。介紹該如何利用剩下的毛線、布料等。

5

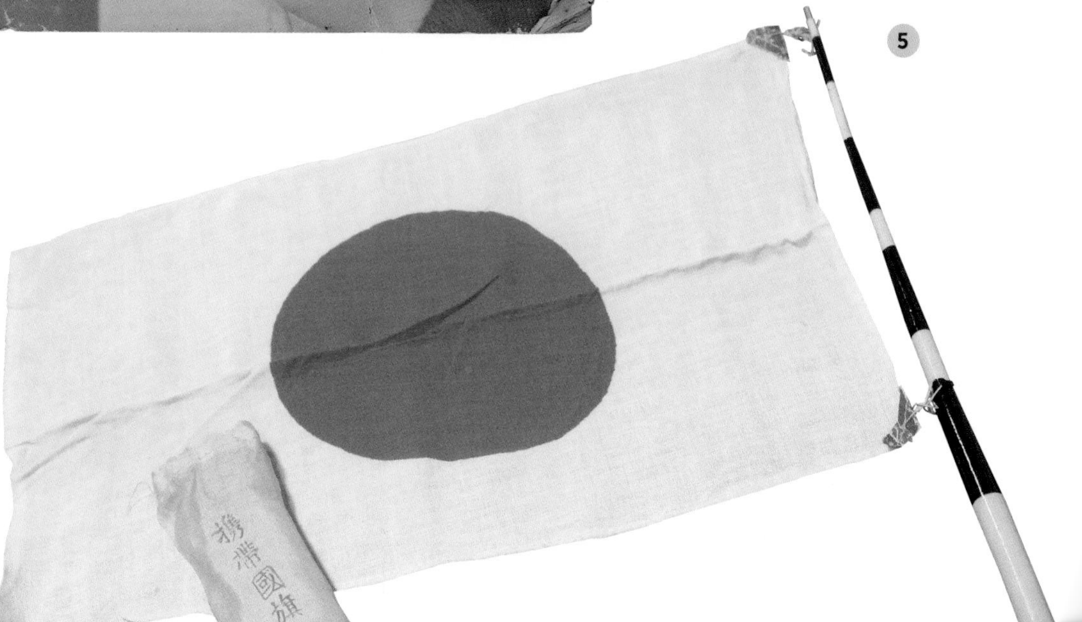

◉隨身攜帶用的日本國旗，
能夠折得小小的帶著走。

6

◉皇紀二六〇〇年（昭和十五〔1940〕）年時的送別紀念照片。可以看到這個時候還是西式綁腿、西服及隨性的裝扮。

7

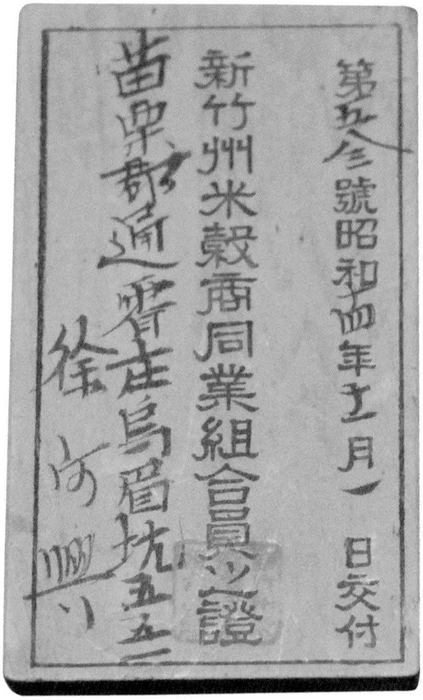

◉「新竹州米穀商同業組合員之證」。連稻米也變得無法自由買賣，施行配給制。

一九三九……（一月）〈近衛文麿內閣總辭，平沼騏一朗內閣成立〉
（昭和一四）
（三月）因占領海南島，把新南群島（南沙諸島）編入高雄市的管轄範圍
（五月）〈國際聯盟理事會決議援助蔣介石〉
（七月）〈頒布國民徵用令〉
〈美國宣布揚棄日美通商航海條約〉
（八月）於臺北及臺南設置兵事部
設立臺灣臨時教育調查委員會。開始施行公學校義務教育制度
（九月）〈德軍進攻波蘭。第二次世界大戰開戰〉
（十二月）於臺中州舉行全島專門學校、高商、高工、高校、帝大學生的聯合軍事大演習

一九四〇……（二月）開始施行臺灣人改姓名許可制度
（昭和一五）
臺北市人口突破三十四萬人
（三月）〈汪兆銘成立南京國民政府（中華民國國民政府）〉
（四月）爲了增加稻米產量，開放河岸爲農耕地
（六月）成立砂糖配給機構
（七月）〈第二次近衛內閣成立〉
（八月）頒布禁奢令
宣布一九四〇年底臺灣人口將達到五百八十九萬五千八百六十四人
（九月）《臺灣日日新報》發行國語（日語）報紙，以利國語普及
〈日德義締結三國同盟〉
（十月）〈大政翼贊會成立〉
嘉義市役所拒絕受理臺語辦案
（十一月）〈皇紀二六〇〇年紀念典禮〉
小林躋造總督卸任，海軍大將長谷川清繼任第十八任總督
（十二月）宣布臺灣人改姓名許可案達一千百八十件
於臺北帝國大學醫學部之下成立南方（熱帶）醫學研究所

一九四一……（一月）臺灣神社新年參拜人數創下五萬四千人的新紀錄
（昭和一六）
（三月）制定「臺灣軍歌」
〈公布改正治安維持法〉
（四月）施行改正臺灣教育令

8

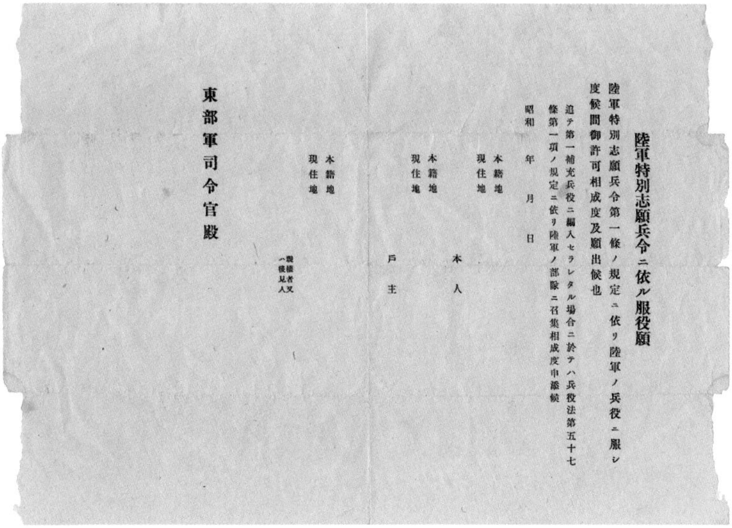

陸軍特別志願兵令ニ依ル服役願

陸軍特別志願兵令第一條ノ規定ニ依リ陸軍ノ兵役ニ服シ度候間御許可相成度及願出候也

追テ第一補充兵役ニ編入セラレタル場合ニ於テハ兵役法第五十七條第一項ノ規定ニ依リ陸軍ノ部隊ニ召集相成度申添候

昭和　年　月　日

本籍地　現住地　本人

本籍地　現住地　戶主

本籍地　現住地　親權者又ハ後見人

東部軍司令官殿

⊙寫著「陸軍特別志願兵令二依ル服役願」〔據陸軍特別志願兵令發行之服役徵召書〕。這張紙究竟乘載了多麼重的分量。

9

⊙「臺灣總督府陸軍特別志願兵記念」。應該是如願成為志願兵後獲贈的紀念品。

掀起愛國少女莎韻之鐘熱潮

皇民奉公會成立典禮

（六月）宣布一九四二年度起開始施行臺灣志願役制度

（七月）〈第三次近衛內閣成立〉

（八月）〈宣布蔣介石重慶政府、美英中蘇四國聯合戰線成立〉

（九月）於總督府內設置南方委員會

（十月）〈東條英機內閣成立〉

（十二月）〈美英中及其他抗日各國之軍事同盟成立〉

〈日本海軍機動部隊偷襲夏威夷珍珠港〉

長谷川總督訓示全臺灣臣民一致奮起

臺灣南部嘉義地方發生大地震。三百零四人死亡，一千八百四十五戶房屋倒塌

〈日本軍占領香港〉

公布敵方財產管理法施行規則。凍結在臺灣的美英資產；臺灣人陸軍志願役申請書數達八千人（包含特別志願護士在內）

一九三九（昭和十四）年七月，美國宣布終止日美通商航海條約，九月德國進攻波蘭，英國、法國對德國宣戰，第二次世界大戰的戰火終於點燃了。

當時的臺灣總督小林躋造（一八七七～一九六二）是如何看待這個發展的呢？

在開戰前，一九三六（昭和十一）年起出任第十七任臺灣總督的小林，於一九二七（昭和二）年就以首席隨行人員的身分，參與日內瓦海軍軍縮會議（Geneva Naval Conference），據說從這個時候開始，小林躋造就贊成軍縮，支持締結合約。在之後支那事變（日中戰爭）發生時，也認爲應該要盡早結束這場衝突，並且要極力避免與美國交戰。不過，從一九三三（昭和八）年富蘭克林‧羅斯福（Franklin Delano Roosevelt）出任美國總統之後，世界的齒輪就朝向戰爭的一方轉動。

羅斯福總統一改美國過去的孤立主義，與國際聯盟同一陣線，開始對軸心國施壓。就在小林前往臺灣就任時，國際已經對日本實施名爲ABCD包圍網的經濟封鎖戰略，企圖把日本逼到窮途末路。由美國（America）、英國（Britain）、中國（China）與荷蘭（Dutch）發動的對日經濟封鎖，更是一步步地掐緊原本就沒有資源的日本的脖子，使得日本人的日常生活也都受到了影響，隨著美國宣布揚棄日美通商航海條約之後，情況變得更加嚴重。

「是否要這麼恬不知恥地坐以待斃，這可得仰賴軍部、政府的判斷。」

小林總督當時揭示的統治口號是「皇民化、工業化、南進基地化」（《台湾史小事典》中國書店）。幸好臺灣擁有資源，而且還有高雄這個良港。到了這個地步，日本的出路就只有東南亞了。所以應該要把臺灣定位爲日本南進政策的據點，臺灣甚至可以說是日本的生命線。

俗話說狗急也會跳牆，加上日本是由天皇所統治的「神國」。因此，面對這場守護神國的正義之戰，應該要義不容辭迎戰的氣勢也日漸高漲。

所謂的皇民化運動指的是「讓殖民地人民（臺灣人、朝鮮人等）成爲『眞正的日本人』」，主要的具體內容包括：「①國語（日語）運動、②改成日本姓名、③志願兵制度、④宗教、社會風俗改革等四點」（皆出自周婉窈《図説台湾の歴史》平凡社）。加上一九四〇（昭和十五）年正值日本皇紀二六〇〇年，在迎向這個重要的時節之際，臺灣島內也開始隨處可見「八紘一宇」這四個字，現在正是要強力地促使殖民地臺灣成爲「完美日本」的時刻。

考量到捨棄繼承自代代祖先的姓氏，恐怕將會引發強烈的反彈，所以改成日本姓名這項政策並非強制性的。不過，如果是擔任教師、警察等公務人員的臺灣人，則會感受到來自內地人上司的壓力。另一方面，也有人認爲這是成爲眞正日本人的絕佳機會，所以選擇改成日本名。比如和臺灣總督府或日本企業關係深厚，並且具有經濟力的人們，甚至聚集同姓宗族一起商量是否要一起改成日本名。也有人從父母這一代起，從小就使用日語，生活習慣也和日本人沒兩樣，卻只是因爲臺灣姓名，就遭受到不合理的差別待遇，因而抱持與其如此，倒不如就成爲日本人，堂堂正正地抬頭挺胸生活的強烈想法。

另外，在國語〔日語〕運動方面，在這之前已經在公學校裡教授日語，中學、高中女校等也都以日語授課，甚至在各地成立日語講習所，讓沒有學歷或是社會人士也能接受日語教育。「一九四〇年在臺灣『能夠理解日語的人』達到五一％」〔出處同前〕，從這項結果可以看出，國語〔日語〕運動具有相當的成效。

只要被認定爲家中所有成員都能說日語的「國語〔日語〕之家」的話，配給就能夠和內地人一樣。如果改成日本名的話，就連薪資也能夠變得和內地人相同。因此，相信當時有不少人做出了以實際利益爲優先的抉擇。就在這些皇民化運動之下，誕生了把眞正的想法埋藏在心底，在日本人前頷首以日語說著「わかりました〔知道了〕」的「天皇赤子」們。

這些本島人的心情想必十分複雜，又或者只不過是靈活地運用了臺灣人與生俱來的「生存智慧」。如果就這樣持續兩、三個世代的話，說不定現在這些臺灣人就會變得和內地人一模一樣。在當時許多人也對此深信不疑，從沒想過被禁止使用母語，連日語也要完全捨棄，而且還被要求必須要靈活地運用「國語〔北京話〕」的時代竟會到來。

總之當時的日本抱著必死的決心。從明治維新以來，拼命地朝著富國強兵之路邁進的日本，就連當時的諷刺畫家喬治・比哥〔Georges Ferdinand Bigot〕等人，甚至還畫了「模仿人的猴子」來揶揄日本。可以知道當時的日本透過模仿歐美列強，以避免淪爲歐美列強的殖民地。因此，日本廢寢忘食般地從語言開始，一邊從各個先進國家擷取政治、法律、技術等所有的「好東西」，一邊整備軍備，致力於以「大日本國帝國」之姿，發展成亞洲近代化國家並且獲得認同。然而就在達到和歐美並駕齊驅之際，一回過神來沒想到竟然出現了ＡＢＣＤ包圍網，日本成了「被深深憎恨」的國家。

「這究竟是怎麼一回事。」

在這座溫暖潮濕的島國上，而且對於在明治以前沒有「日本」的國家意識，在以藩爲單位的體制下，悠哉生活的日本人而言，想必完全無法理解在陸路相連的土地上，長年處在接連不斷的征服與侵略的各國，在背叛、戰略下衍生出「正義」的生存智慧。在敵我之間不斷地聯合、對立形成的各民族，擁有日本人所不及的堅韌和絕佳的交涉手腕。然而就在培理的黑船來到日本之後，不到百年的時間，日本面對世界的廣闊、他國的價值觀，以及外交交涉時不可或缺的檯面下運籌帷幄等，在幾近於無知和不習慣之中，全力地衝刺著。沒想到最後竟然扭轉了世界而驚呆住了。

「四處利用對方的弱點，做出這些不合道理的行爲，這究竟是怎麼一回事。」

「這是因爲日本遭到輕蔑，如果這個時候不強勢起來的話，不光是我們日本，就連全亞洲都會被侵吞掉。」

在某種程度上，屬於被害者意識

的危機感與孤立感，逐漸在全日本蔓延開來。執著於讓臺灣、朝鮮使用日語，這或許也是源於爲了要與廣大英語圈進行對抗的心態。少年時代正值這段時期的臺灣年長者提到：「那個時候沒有一個人學英語。學校裡的老師也說：『沒有必要，因爲日語就要變成世界的共同語言了』」。

這項「國語〔日語〕運動」的好處在於，讓各個民族首次出現了日語這個「共同語言」。比如在臺灣，本島人說閩南語，客家人說客家話，統稱爲「高砂族」主要生活在山區的原住民族的各個小部落，語言完全不同。對於越過了一個山頭後，就完全不同無法對話的部落原住民族而言，學習日語因而得以與其他部族溝通。

在學校學習日語的臺灣學童們還體會到另一項好處。

「開始能讀日文之後，接觸到專門爲兒童撰寫的讀物。在這之前，臺灣完全沒有針對兒童的讀物，只能學習四書。」

少女時代正值這段時期的臺灣女性提到，到現在也忘不了接觸到「輝夜姬」、「白鶴報恩」等古老民間故事後的喜悅，與讀到安徒生、格林等童話故事時的興奮與感動。

「啊，當時覺得日本爲什麼和我們不一樣呢？光從『紅色小鳥』、『麻雀學校』這類這麼可愛的童謠，就能感受到日本總是那麼的豐饒。」

從大正時期到這個時候爲止的日本，同時也是北原白秋、西條八十、野口雨情等人最活躍的時代。也出版了針對兒童的雜誌，優美抒情、可人的詩歌也備受歡迎。透過學習日語，臺灣的孩童們也能感受到相同的童話故事與童謠的世界，這可以說是皇民化運動下少數的恩惠之一。

就在這個時候一名少女出現了。住在臺北的萬華，就讀公學校四年級的黃氏鳳姿，她最早的作業是寫一篇關於家中日常生活的作文。黃氏鳳姿的導師留意到她熟練地運用才剛學沒有多久的日語，以少女率直樸質的眼光，仔細地描述了在這之前就連內地人也不太清楚的臺灣風俗習慣，因此積極地促使黃氏鳳姿撰寫作文。這些文章後來集結成《七娘媽生》、《七爺八爺》等書出版，不只在臺灣，就連在內地也都擁有極高的評價，黃氏鳳姿甚至好幾次受到報紙等介紹，還被稱爲天才少女。身處在剝奪臺灣特色，就連當時的日本也逐漸失去了滋潤人心的事物的這個時代裡，本島人少女描述的生活小事帶來了救贖人心的效果。

即使如此，人們無法抵抗地一步步走向越來越沉重、痛苦的時代。

總督府發布禁奢令，以假名標記的外來語被稱爲敵國語言，所有的一切都變得日語化。比如パーマネント〔permanent〕改爲「電髮〔燙髮〕」，就連音符的「ドレミ〔Do Re Mi〕」也都改成「イロハ〔伊呂波 I Ro Ha〕」的時代來臨了。終於男孩們也要剃光頭穿上國民服，女孩們也得穿著日本傳統的工作服。用好不容易記住的日語接觸到有趣童話故事、童謠的孩童們，口中唱著的是當時流行的歌曲「士兵感謝您」。

今天也能和哥哥
並肩去上學

10

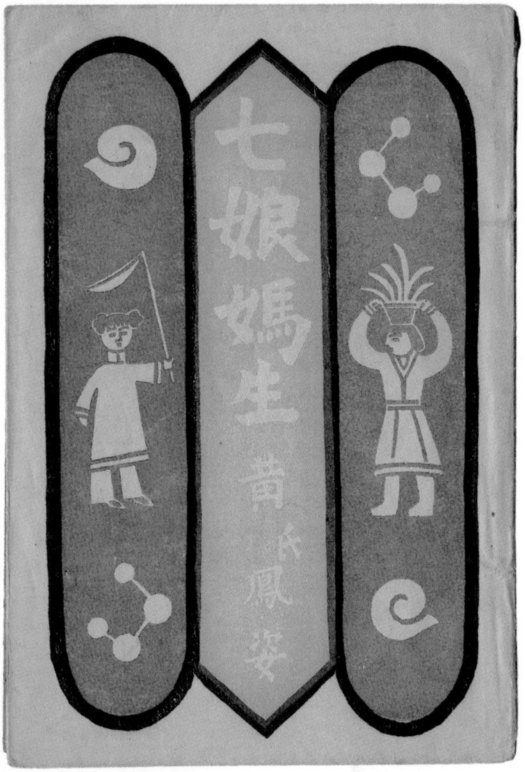

11

⊙黃氏鳳姿著《七娘媽生》（右／昭和十五〔1940〕年刊行），《七爺八爺》（左／同）兩書的封面。作家佐藤春夫評黃氏鳳姿為「率直優秀的作家」。

這都是託士兵們的福
託爲了國家
爲了國家而戰
士兵們的福

傍晚快樂的晚餐時光
家人能夠團聚一堂
這都是託士兵們的福
託爲了國家
爲了國家受傷
託士兵們的福

雖然寂寞
今天也能和母親安然入眠
這都是託士兵們的福
託爲了國家
爲了國家戰死
士兵們的福

從明天起也能和
支那的朋友們友好相處
這都是託士兵們的福
託爲了國家
爲了國家盡心盡力
士兵們的福

士兵們謝謝你
士兵們謝謝你

作詞：橋本善三郎
作曲：佐佐木　英

包括文藝家協會的會長橘池寬在內，當時的代表作家們遵從來自內閣情報部的從軍要求，組成「文筆部隊」，陸續前往戰地撰寫稱頌戰爭的作品。以吉川英治、佐藤春夫、久米正雄、尾崎士郎、林芙美子、川口松太郎、吉屋信子、丹羽文雄等人爲首的豪華陣容，描寫日本軍的活躍，美化戰爭，並且把戰爭正當化。其中林芙美子不輸給男性的活躍身影，在當時引起不小的話題。在出征前撰寫「糞尿譚」並且因此獲得芥川獎，而選在戰地舉行頒獎儀式，受到表揚的火野葦平，則被視爲是戰爭文學的第一把交椅。

畫家們也同樣地受到軍部的委託繪製「事變記錄畫」，一九三八年五月「中村研一、小磯良平、南政善、朝井閑右兵衛、向井潤吉、脇田合、柏原覺太郎、江藤純平等八名畫家從軍」（別冊太陽《画家と戦争》平凡社）。作家、畫家，音樂家們等運用自己的感性創作的時代消失了。

在這過程之中，也有被淹沒在情緒激昂的時代氛圍裡的作家和畫家們，真心地頌揚爲戰爭失去生命士兵的純粹性，強調日本的正當性，及「神國日本」。另外，也有接受日本一開始的主張，抱著「這就是時代浪潮」的覺悟，選擇上戰場的人。但是，如果試著從這些人的角度去思考他們是如何回顧當時、如何存活下來的話，相信也就能夠理解他們當時所做的決定。順帶一提，火野葦平在戰爭結束後，被貼上「戰犯作家」的標籤。火野葦平被嚴厲地追究戰爭責任的同時，仍舊持續地創作，但在一九六〇（昭和三十五）年吞下大量的安眠藥自殺。

由於當時的臺灣成爲日本南進的據點，因此上述的作家、畫家們也頻繁地來到臺灣，這也刺激了臺灣的文人、畫家們，此時臺灣創作的熱潮因此高漲。不過雖說是文人，但臺灣早在一九三七（昭和十二）年就已經禁止使用漢語，因此當時不少本島人作家喪失創作的意圖，不過也有本島人持續以日文創作。一九三九年「臺灣詩人協會」成立，同年十月野口雨情訪臺。

一九四〇（昭和十五）年，皇紀二六〇〇年的序幕正式開啓。皇紀二六〇〇年是「把『大和朝廷的第一代神武天皇，自高天原從天而降後來到了日向，展開東征後在橿原神宮即位之日，正是二六〇〇年前的二月一一日』這個神話認定爲史實」，因此在臺灣從正月開始「全島的神社裡踩著細石發出的腳步聲不絕於耳」（以上皆出自竹中信子《殖民地台湾の日本女性生活史4（昭和篇・下）》田畑書店），揭開了皇紀二六〇〇年的序幕。

之後臺灣各地陸續將紀念燈籠奉納給各地的神社，就像是聖火接力賽般地舉辦了各種紀念活動。這些活動不僅企圖「要讓所有的國民體認到，日本『神之子』站在頂點進行統一」（出處同前），同時對於轉移國民因物資逐漸匱乏的不滿矛頭，也頗具效果。

究竟是誰讓我們要這麼辛苦地忍耐著，日本可是持續了二千六百年的神國，就連臺灣也成爲堂堂的「天皇赤子」，這是如此值得驕傲的事。欺侮弱小的美英是一群應該要遭到懲罰的不敬之徒，現在我們更應該要團結一致守護這個國家。

同年九月，日德義三國同盟，十月日本成立大政翼贊會。就連臺灣「臺北、高雄等地，全島都陷入日德義的旗海之中，甚至還有十幾名住在高雄的義大利人參加遊行」（出處同前），全島呈現熱血激昂的景象。

「一意一心在工作上加油」、「不要抱怨」、「奢侈是敵人」等，街上到處貼滿了激烈的標語，這時進入了什麼都要忍耐、費苦工、堅忍的時代。就在皇紀二六〇〇年即將順利結束之際，小林躋造總督離開臺灣，海軍大將長谷川清（一八八二～一九七〇）接任第十八任總督，這是一項南進政策下的人事布局。

長谷川總督也致力於強化皇民化運動，在隔年一九四一（昭和十六）年解除了小學校和公學校的區別，統一成國民學校。進入非常時期之後，本島人終於和內地人接受同樣的初等教育，這是多麼諷刺的一件事。爲了必須盡早培養有利於國家的優秀人才，臺北帝國大學也成立了預備科。

六月二十日，宣布臺灣施行志願兵制。這項制度「對六〇〇萬島民而言，是至高無上的幸福，是一項飛速

12

⊙郵局存款的存款帳戶袋。總督府開始頻頻呼籲存款。

促進皇民意識的制度，而且只錄取少數優秀人才」（出處同前），消息一發布後，島內一陣喧騰，青年們競相報名從軍，甚至還陸續出現了血書申請表，就連女性也有人提交了以血書寫成的從軍護士志願書。之所以如此，是因爲對於許多臺灣青年而言，沒有什麼比自願上戰場，更能夠被認同爲日本人了。同樣的想法，原住民族比臺灣人更加強烈。因爲對於在臺灣受到最嚴重差別待遇的原住民族而言，這可是超越本島人，一口氣成爲日本人的絕佳機會。

才在幾年前還不斷地發起抗日活動，突破隘勇線出草（獵人頭）的原住民青年們竟然說出：「我們高砂族不論老少專心一意，致力於鍛鍊身心，賭上我們高砂族的名譽，抱著努力與深徹覺悟及堅定的決心發誓，我們絕不輸給平地本島人」（出處同前）。曾經許多夥伴被強制歸順，如果不順從就會遭到處刑，甚至連居住的地方也被奪走的原住民族們，此時抱著要以眞正的日本人之姿出征，想要對戰爭有所貢獻的強烈願望，因而由各個部落的頭目們率先競相報名自願從軍。

關於長谷川總督，有一說指出長谷川總督是頗爲享樂之人，因此即便當時充滿戰爭氣氛，因爲喜愛臺灣的傳統藝能，所以反而對皇民化運動重要項目之一的「宗教、社會風俗改革」採取了緩和措施，這個作法意外地獲得好評。長谷川總督尤其喜愛臺灣音樂「南管」，因此甚至還由總督府主辦了臺灣音樂研究會等活動。

十二月一日，在天皇臨席的國策會議上決定對美國、英國、荷蘭開戰。

十二月二日，大本營發出「ニイタカヤマノボレヒトフタマルハチ（一二〇八）〔Nitakayama nobore hitofutamaruhachi，登上新高山一二〇八〕」的電報，ニイタヤマ〔Nitakayama〕指的就是新高山，臺灣、日本的最高峰。究竟是誰想出要把這座山的名字當作是攻擊珍珠港代號？順帶一提，如果是要避免開戰，停止攻擊的代號則是「ツクバヤマハレ〔筑波山晴〕」。

日本時間十二月八日，美國當地時間十二月七日清晨，日本海軍對美軍的太平洋艦隊和基地的所在地，位在夏威夷歐胡島上的珍珠港發動奇襲。日本原本打算在發動奇襲的三十分鐘前對美國宣戰，但是送到美國大使館的密碼電報「對美備忘錄」的解讀和打字過於費時，結果在日本海軍攻擊珍珠港一個小時後才送到美國政府手中。美國對於日本此舉感到憤怒，這也就是到現在還可以聽到美國指責日本「欺瞞攻擊」說法的由來。

實際上，從相關的史料中隨處可見，從戰爭一開始的細微之處，日本都顯得不夠愼重，制定出令人感到不可思議的草率計畫，用極爲簡單、樂觀的態度思考、因應戰爭的發展。這究竟是與生俱來的國民性，還是因爲曾經長時間鎖國的島國，不「習慣戰爭」，眞正的原因不得而知。不過，如此的天眞，加上負責人缺乏能力，導致一發生了什麼事，腦筋就陷入一片空白停止思考的狀態，到最後甚至在「祈神拜佛」的心態下暴走，加上陸海軍的不合及軍部的暴衝，導致日本陷入戰爭的泥沼，終於造成了無法挽回的悲劇發生。

1

第12章 自爆 1942-1946

⊙少年們仰望著翱翔在南國天空的戰鬥機。

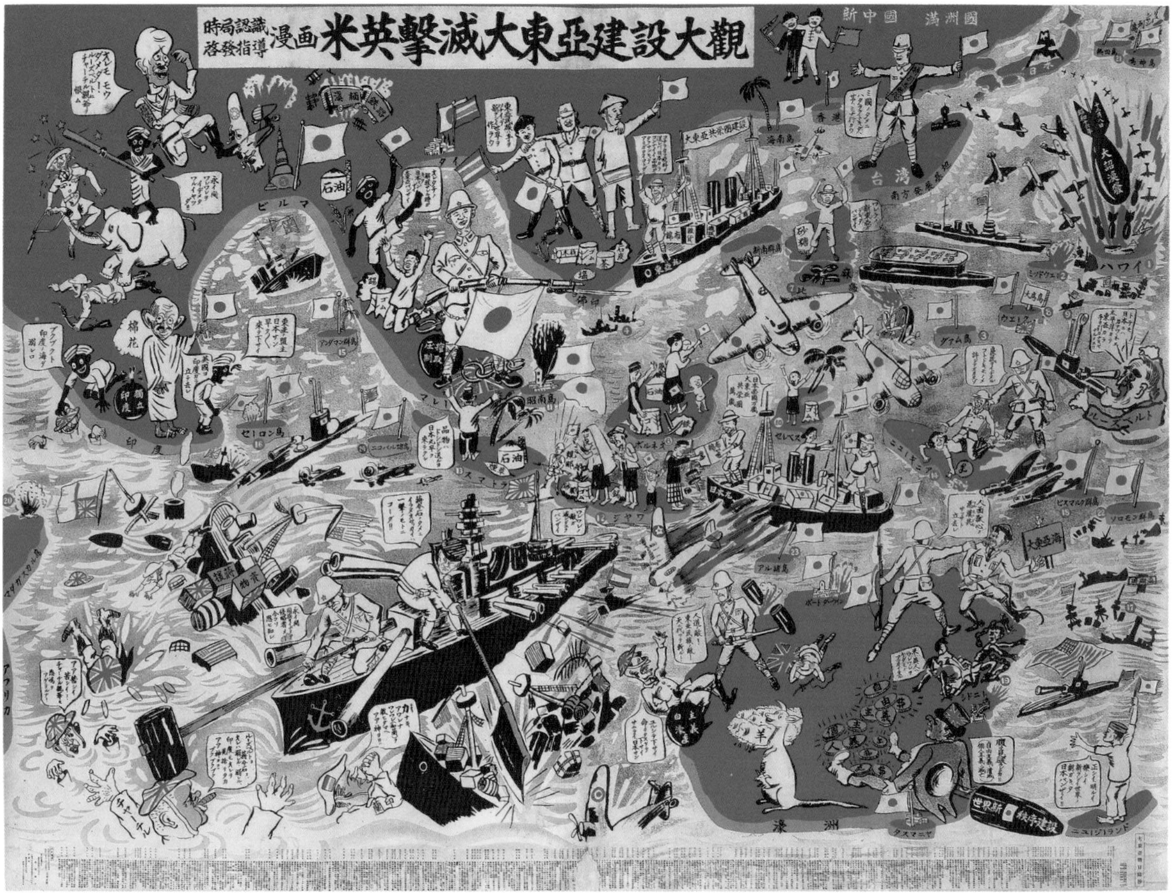

2

◉寫著「時局認識啓發指導漫画・米英擊滅大東亞建設大觀〔認識時局啓發指導漫畫・美英擊滅大東亞建設大觀〕」的大型海報。底下記載著昭和十六年十二月到隔年九月的戰局日誌。

3

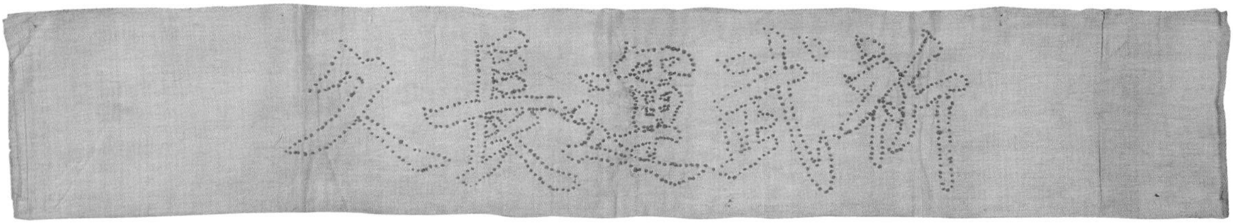

◉繡有「祈武運長久」的千人刺繡護身符。

4

◉以「常在戰場」為題的連環畫。上頭寫著「臺灣總督府財務局推薦」。在沒有電視的年代，利用連環畫到臺灣各地巡迴宣導，讓說日語、臺語的民眾了解節儉與儲蓄。

◉上頭寫著「情報課編輯」，出自雜誌《寫真報道》的一張照片。在戰局逐漸惡化的過程中，陸軍航空部隊隊員們不斷地重複著「吾等は断じて勝つ〔我們一定會勝利〕」。

5

◉連飯碗都畫著這樣的圖案。側邊還繪有旭日旗。

6

◉拿著刺槍的士兵並列著，臺灣總督府的「祝徵兵令」海報。

7

8

◉《寫真報道》的封面。從行進中士兵身後的建築物上可以看到「征け本島同胞よ〔出征吧！本島同胞們〕」、「祝徵兵制」等文宣。

9

◉「皇民奉公推進員」的徽章。為了大力推行皇民化運動，市民們的協助不可缺少。

◉〔上〕以「臺灣少年工」身分來日的少年。還看得出稚氣的一面。

◉〔右下〕來到神奈川縣高座郡（今大和市、座間市）的「臺灣少年工」們。

10

11

12

◉寫著「昭和十八年台灣志願兵戰勝記念」的獎牌。中央處刻著「總突擊」「ビルマ作戰〔緬甸作戰〕」。

一九四二……（一月）長谷川總督新年致辭「國民以堅決不屈之意志，全島一致突破萬難」
（昭和一七）
（二月）〈日軍占領菲律賓馬尼拉〉
臺灣徵兵制度開始辦理登記
（三月）〈日軍占領新加坡〉
（五月）〈日軍占領緬甸首都仰光、爪哇島萬隆〉
總督府技師八田與一殉職
（六月）〈中途島海戰〉
（八月）高砂義勇隊建設的呂宋島軍用縱貫道路完成
於大直、圓山地區設置俘虜收容所
（十月）神奈川縣海軍工廠的空C廠開始募集一邊工作、一邊就學的臺灣少年工

一九四三……（二月）〈日軍自瓜達康納爾島撤退〉
（昭和一八）
（三月）臺灣初等教育義務化
（四月）〈山本五十六連合艦隊司令長官戰死〉
（五月）〈阿圖島守備隊壯烈犧牲〉
（六月）首位臺灣人海軍士官誕生。以日本名葉山宏一報導其任命少尉的消息
（九月）日本政府決定對臺灣國籍人民實施徵兵制，宣布從昭和二十年度開始實施
（十一月）〈美英中三國首腦開羅會議，締結臺灣戰後處理問題之盟約〉
（十二月）臺灣學徒出陣壯行會

一九四四……（一月）美軍軍機在高雄地區進行轟炸
（昭和一九）
（三月）臺灣人學徒開始入伍陸軍
制定臺灣決戰非常措施綱要
（七月）〈塞班島守備隊壯烈犧牲〉
（十二月）長谷川總督卸任。陸軍大將安藤利吉接任第十九任總督

一九四五……（三月）〈硫磺島戰役日軍全滅〉
（昭和二〇）
（四月）臺南、嘉義、花蓮港、彰化遭受空襲
（五月）〈德國無條件投降〉
臺北大空襲
（六月）廢止保甲制度。高雄、臺中遭受空襲
（八月）〈在廣島、長崎投下原子彈〉

14

⊙有家人戰死的家庭，門前掛有這樣的牌子。

13

⊙箱子的兩側寫有寄件人和收件地址的「遺留品〔遺物〕箱」。堅信日本將獲得勝利而上戰場的家人，以這樣的形式返家。

15

⊙「征人之家」的牌子。在當時有家人上戰場是一件光榮的事，所以掛上牌子廣為宣傳。

16

⊙寫著「每月一日興亞奉公日」。諸如此類的牌子和各種標語在大街小巷裡隨處可見。

玉音放送〔昭和天皇親自宣讀《終戰詔書》〕，戰爭結束

（九月）中國國民黨政府先遣部隊和美軍將領一行抵達基隆，準備釋放俘虜與進駐臺灣

（十月）中國國民黨政府軍一萬二千人在基隆登陸

〈聯合國成立，中國國民黨政府出任常任理事國〉

宣告禁止使用臺灣總督之稱

（十一月）開始接收公共及日本人的私有財產

開始日本人遣返作業

（十二月）第一艘日本遣送船從基隆港出航

一九四六……（昭和二一）（三月）國民黨政府公告留臺日本人僅限於技術人才

（四月）安藤總督以下約五十名官僚等，以戰犯身分遭到逮捕，移送上海監獄。安藤總督在獄中服毒自殺

（九月）臺灣的國民中學禁止使用日語

（十月）蔣介石、宋美齡夫婦來臺

代天討伐不義
忠勇無雙的我軍們
在歡呼聲下啓程
現在啓程離開祖國
以無所畏懼的勇氣
誓言不勝不歸

這是「日本陸軍」歌詞的第一部分。這首歌曲創作於一九〇四（明治三十七）年日俄戰爭開戰的那一年，作詞人是寫過以「汽笛一聲響於新橋」開頭，『鐵道唱歌』一曲的大和田建樹。這首與深沢登代吉（在歌曲發表時已經過世）共同合作的歌曲，從第一段的出征開始，內容包括斥候兵、工兵等各個兵種的工作情形，最後的第十段是

平定了東方的戰雲
昇起的朝陽一同與
光輝的仁義之名高揚
聞名皆知亞細亞的日出之國
仰望喜慶之光
就是現在 努力奮戰吧！

以勝利作爲結尾。

巧合的是，就在這首歌發表的同一年，與謝野晶子因爲想念在旅順的弟弟發表了「願你別離開這世上」

願你別離開這世上
天皇陛下不親自出征
卻讓人民輪番上陣流血
爲了殺人而送命
說這是一種榮耀
人說天皇陛下心懷慈悲
這又該怎麼說呢？

在日本國內「討伐不義」的聲浪高漲時，對著所愛的弟弟唱頌「別離開這世上」。這個被視爲反戰詩的作品，在當時當然備受爭議，即使如此，這個時代仍有允許反戰詩的自由與寬鬆。

「日本陸軍」在日俄戰爭後仍被傳唱，一九三七（昭和十二）年，西條八十和藤田正人新增加了歌詞。這一年正值中日戰爭爆發。

說到西條八十，一般大多會想到以「金絲雀」爲代表的多首童謠，及如

17

18

◉時局歌與名歌集。在第一首就是「臺灣行進曲」的歌集裡，收錄了當時的流行歌曲等。不論在遠方的戰場上遙想故鄉，還是提升士氣，歌曲在當時都不可或缺。

「青色山脈」等以豐富的情感敘事、充滿夢和希望情感的作詞家。藤田正人則是以「岸壁之母」、「浪花節人生」等歌曲而廣爲人知。不論哪一位都是備受人們喜愛，留下許多深植人心作品的作詞家，但兩人在這個年代，主要創作提高戰鬥意識，鼓舞士氣的作品。不，應該說從這個時候開始，日本已經失去了創作的自由，成了連「別離開這世上」等反戰思想都無法歌詠的時代。

到日本戰敗爲止，「日本陸軍」是出征、凱旋和行軍途中，最受到熱烈唱頌的軍歌。

歌詞中的「代天」代表什麼樣的意思呢？「日本陸軍」在明治時期無人不知，經過大正進入昭和時期，這首歌曲仍然受到人們的喜愛並且傳唱著，之所以如此，這恐怕是因爲日本過於不切實際的妄想「本質」。或許與當時的日本人，又或者是軍部眞的想要「代天」，也因此才會稱交戰國爲「鬼畜」。

我們是「天」的代理人桃太郎，將擊退鬼怪。所以，萬一陷入苦戰的時候，就要刮起神風，以「天」的姿態現身，必定會把敵人打得體無完膚。「天」能知曉我們是否眞的全力以戰。

絕對沒錯。一定是這樣。

在這場戰爭中，與其說日本運用了客觀的理論和冷靜的判斷，以及最先進的技術建構戰略或攻略，倒不如說是先建立了樂觀、不成熟的精神。實際上，閱讀當時的資料後，隨處可以看到不管是一般大衆，甚至軍隊內部，經常創造出這樣的「氣氛」，讓大家「有志一同」。

當然也有不少人冷靜且客觀地判斷，從一開始就體認到日本終將戰敗，但是在大時代的環境下，選擇閉口不談。雖然事後大家異口同聲地說：「當時是最慘的時代」，但是在大多數的日本人受到集團催眠的當下，什麼都無法說。最後就只出現「非常時期」這個詞，因爲日本把自己逼到走投無路的結果，「沒辦法無路可退了」，最後的最後再帶著全國國民跟著一起壯烈地犧牲，這怎麼想都覺得不正常。

這到底是一場爲了什麼而戰的戰爭呢？大家一起壯烈犧牲的話國家也會跟著完蛋，甚至就連保護神祇的化身——天皇的守護者也會因此消失，怎麼連這都不懂呢？爲什麼沒辦法冷靜地思考自己究竟是如何本末倒置的呢？但這就是當時日本製造出來的「氣氛」。

時代的「氣氛」當然也使臺灣翻雲覆雨。

一九四二（昭和十七）年，日美開戰後的第一個正月，第十八任臺灣總督長谷川清（一八八三～一九七〇）訓示臺灣人民「國民以堅決不屈之意志，全島一致突破萬難」（末光欣也《日本統治時代の台湾》致良出版社）。

臺灣原本就是一座由複雜的民族組成的島嶼，尤其對主要出身漢族的本島人來說，實在無法以坦率的心情協助日本與中國大陸的長期交戰。即使日本統治臺灣已經將近半世紀，即使強力地推行了皇民化運動，但是對許多臺灣人而言，心目中的故鄉是「唐山」。尤其對中老年以上的世代而言，這樣的情緒更加強烈。在這樣的情況下，臺灣總督府對於本島人是否從事諜報活動，也就是擔任間諜一事更爲敏感。

「誰都做得到的防諜奉公。」

「即使只是洩漏了一句話，也會嚴重影響戰況。」

不多說、互相監視、不背叛國家等標語，散見於臺灣各地。因此，戰爭一開始總督府沒有想過要徵召臺灣士兵上戰場。不過，臺灣是南方戰線的補給兵站基地，也是日本的糧食補給地，這表示臺灣是日本最重要的據點。所以必須讓臺灣人擁有與日本一起戰鬥的強烈意識，因此日本和臺灣總督府對臺灣人訂出各項目標，包括獎勵存款、參加勤勞奉仕（勞動服務）和防火訓練等，使臺灣一同進入戰時體制。

但是，即使一直處於連戰連勝的狀態之下，也不可能有零犧牲者的戰爭。訓練中也可能會發生事故，在戰爭持續地擴張下，也會出現被擊落的飛機與被擊沉的船隻，隨著戰事的發展將會出現士兵陸續死傷的情形。特別是開戰之初，持續採取快攻進擊的日軍，之後開始接連地陷入苦戰，因此兵力逐漸不足。到了二月以後，臺灣總督府宣布實施「臺灣特別志願兵制度」，同時宣布設置新的預備憲兵制度。從此以後，臺灣的年輕人開始前往戰場。

特別志願兵的報名資格是十八歲到三十六歲；預備憲兵則是二十歲以上，三十歲以下。不論是特別志願兵還是預備憲兵，報名情況都出乎意料地踴躍熱烈。尤其是報名特別志願兵的人，在報名開始前便湧現大量來自全臺年輕人提出申請，最後的報名人數高達十萬人。另外，針對女性也實施了「特別護士及護士助手志願制度」，報名人數也高達五千七百人。其中當然存在著以「身爲日本人」的臺灣青年，懷抱著單純地希望爲國奉獻的熱情。不過和日本一樣，臺灣也同樣瀰漫著一股不得不的「氣氛」。

當時還出現了表示「連我們都爲了國家挺身而出了。現在仍舊狐疑逡巡（優柔寡斷之意）的男人眞該感到羞愧。出現了我們不會和不志願上戰場的男人結婚」（竹中信子《植民地台湾の日本女性生活史4（昭和編・下）》田畑書店（中譯本，竹中信子《日本女人在臺灣4（昭和篇・下）》時報文化））的女子青年團。甚至還有主婦們表示：「『不和不願上戰場的男性結婚』、『已婚者則讓丈夫志願上戰場』、『婦女則讓孩子志願上戰場』的三項決議」（出處同前）。

竟然被說成這樣，想必當時一定

19

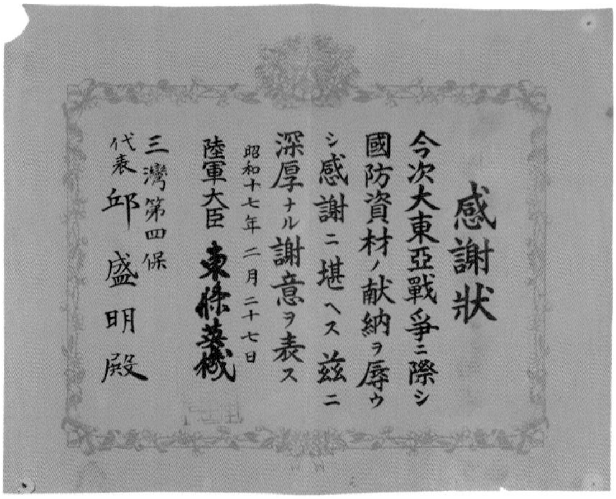
感謝狀

今次大東亞戰爭ニ際シ國防資材ノ献納ヲ辱ウシ感謝ニ堪ヘス茲ニ深厚ナル謝意ヲ表ス

昭和十七年二月二十七日

陸軍大臣 東條英機

三灣第四保
代表 邱盛明殿

◉來自東條英機頒發的感謝狀。時間為昭和十七年二月。寫著對「国防資材ノ献納〔貢獻國防用資源〕」，「深厚ナル謝意ヲ表ス〔深表感謝之意〕」。

有即使內心出現好幾次「這究竟是爲了什麼」的疑問，腦海中也本能出現「想活下去」的願望，但最後終究還是選擇上戰場的年輕男性。會變成這樣也是無可奈何的。因爲，臺灣現在是大日本帝國的一員，爲了讓這個世界更進一步地理解臺灣是多麼值得驕傲的存在，因此即使當時存在著不得不抱著自暴自棄想法的年輕人，但這一點也不奇怪。因爲臺灣全島彌漫著這樣的「氣氛」。

當時「高砂義勇軍」可以說是臺灣獨有的特別部隊。

原本被稱爲「生蕃」，後來被改稱爲「高砂族」的各原住民部族，因爲屬於高山民族，所以具備優異的體能條件，擁有適應熱帶叢林作戰的能力。方向感佳，夜間視力極佳，而且勇敢的原住民們，最早是以「在南方戰線從事陣地建構和道路建設等勞役爲目的」（前引《日本統治時代的台湾》）受到徵召。不過，由於原住民們各項優異的能力，與能和同屬南島語族的民族進行簡單的溝通，因此立刻被送往菲律賓、新幾內亞、印尼等戰場上，在最前線戰鬥。

從日本統治之初，臺灣各地出現激烈的抗日活動，對日本人抱持憎恨之情，因此輕易地歸順日本的原住民部族不多。但是在終戰前日本前後總計八次將「高砂義勇軍」送往戰場，而且志願上戰場的原住民往往大幅超出預定人數。殖民地臺灣本來就受到不同於內地的差別待遇，其中原住民族受到的差別待遇更爲嚴重。也因此原住民族在此刻更想要被認定爲「皇軍的勇士」，每一口氣息都帶著幾近於悲切地想要成爲純粹的日本人。

得以加入義勇軍後，原住民便改爲日本姓名，腰上掛著先祖代代傳下來的「蕃刀」、提著日本刀前赴戰場。他們的活躍無數次地拯救了在南方陷入絕境的日本軍，他們的勇猛果敢不只讓當時的臺灣人驚訝，也讓日本人驚嘆。

當時除了「高砂義勇隊」以外，還有臺灣獨有的「臺灣少年工」。隨著戰況的惡化，日本不僅是資源、技術，就連勞動力也都逐漸枯竭。但是在內地十五歲以上的男子，不是志願進入軍隊，便是從學校動員到軍需工廠，以至於無法確保製造飛機的技術人員，此時日本把目光鎖定接受日本教育的臺灣少年。

當時需要十四、五歲到二十歲，完全了解日文並且身體健康的少年。少年們取得學校和家長的同意，並且通過選拔考試的話，就能夠前往日本，一邊學習一邊在工廠實習。不僅宿舍，日方還提供食物和衣物等一切日常起居用品，經過一定時間的學習和實習後，就可以獲得相當於工業學校或工業專門學校的學歷，然後再錄用爲海軍技師等。這對抱持升學夢想的少年們來說，是個夢想成真的大好機會。

一九四三（昭和十八）年四月，第一批少年們抵達日本。到一九四四（昭和十九）年爲止，總計十五次「臺灣少年工」⑩⑪們離開父母的身邊，從高雄、基隆港搭船，抱著途中可能會遭到美軍潛艇和水雷等攻擊的擔心害怕，前往位在神奈川縣高座郡的海軍航空技術廠相模野辦事處。

據說臺灣少年工的總人數高達八千

四十九人。

但是，少年們在前往內地時，日本已經出現戰敗的跡象了。以至於無法從容、確實地接受基礎教育，少年們從「高座海軍工廠」被送到日本全國各地，與飛機相關的製造工廠、維修保養廠等，和日本工人及女子挺身隊員們一起揮汗工作。一直抱持身爲日本人心態的臺灣少年工們，在日本戰敗那一刻，突然從日本人變成了中華民國的國民，同時也失去了升學的夢想。

在戰爭中犧牲的不僅軍人而已，隨著戰況的惡化，往來於內地和臺灣、亞洲各地的客船等，都成了美軍的目標，一一被擊沉。建造嘉南大圳的負責人，在臺灣無人不知的技師八田與一，搭乘從廣島縣宇品

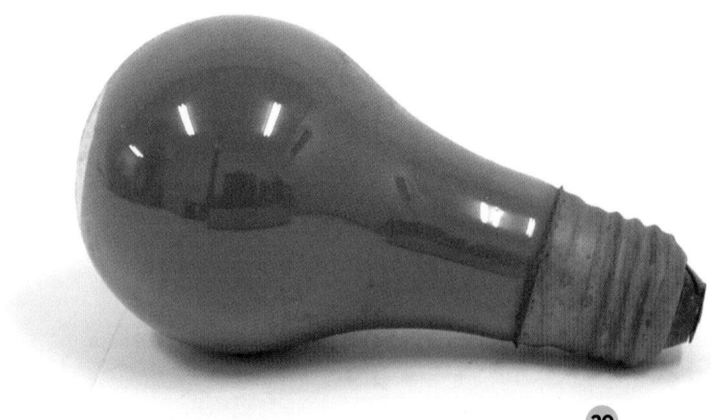

20

◉在燈火管制時使用的燈泡。特別下工夫不讓燈太亮。

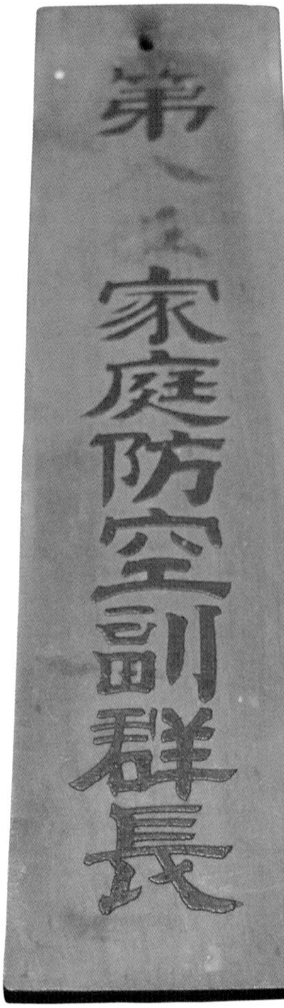

21

◉「家庭防空副群長」的木牌。全島一視同仁，不論是誰都要分工合作。

22

◉商店的廣告。上頭列著為了管制燈火而使用的黑幕和學生服等，還看得到「防毒マスク（防毒面具）」的文字。

港出發前往馬尼拉的大洋丸號時，船隻被擊沉，不幸身亡，載有大量普通旅客的客船——高千穗丸號也被擊沈。一九四三（昭和十八）年十一月二十五日，臺灣第一次受到美軍的空襲。從此以後，臺灣各地籠罩在空襲的恐怖之中。總督府發布燈火管制，即使是夜晚火車也得在黑暗中行駛。

昭和十八年九月，總督府宣布臺灣將從昭和二十年度起正式實施徵兵制，島內因此充滿「感謝之聲」。

「哇，終於等到這一天了！六百萬歡喜的吶喊著，感謝皇恩浩蕩。」

「這是家家戶戶的榮耀，聖恩籠罩本島人」、「身爲母親，這讓人感到無比的驕傲」（出自前引《植民地台湾の日本女性生活史4》）等言論出現在報紙上。

23

◉最後一任臺灣總督安藤利吉。戰敗隔年在獄中自殺。

身兼臺灣軍司令官和第十方面軍司令官的安藤利吉㉓（一八八四～一九四六，遭中華民國囚禁後，於上海服毒自盡），於一九四四（昭和十九）年底出任最後一任臺灣總督。

安藤總督表示：「徵兵制是至高無上的榮耀，最高的願望，名副其實地實現內臺一體。是得以服務天皇陛下的致高榮耀」（出處同前）。這段談話是否是安藤總督的眞心之言，時至今日已經不得而知了。比起這更重要的是，同一年十月日軍在「臺灣空戰」與美軍對戰，吃下大敗仗。這場戰役也成了轉捩點，此後戰況開始出現極大的變化。

日軍在臺灣空戰的失敗，據說是因爲太過於依賴偶然的作戰方式，在發現敵機之前就先耗盡燃油的戰鬥機，最後大多只能通過無線電宣告「我要自爆」（辻泰明、NHK採訪組《幻の大戦果・大本営発表の眞相》〔意爲『如幻的大戰果、大本營發表的眞相』〕NHK出版）。即便如此，這樣的作戰方式持續了五天，每次都遭到美軍攻擊，日軍完全浪費掉了攻擊的機會，只不過是徒然地增加犧牲者而已。結果，相較於美軍幾乎毫髮無傷的狀態，日軍則幾乎全數遭到殲滅，但是大本營不僅隱藏戰敗的事實，還發表了完全相反的「大獲全勝」聲明。由於海軍和陸軍之間甚至沒有共享戰爭資訊，也因此造成對敵軍戰力的誤判，使得之後的作戰不斷地失敗，日軍已經走到窮途末路了。最後便是以自己的身體來對抗敵人，也就是神風特攻隊。

如果日本在「臺灣空戰」的時候，能夠冷靜客觀地分析戰況，不被時代的潮流左右，強烈地主張：「不發動神風特攻隊」、「只有死腦筋不可能會贏」，進而由日本提出和談的話，那麼戰爭應該能夠提早結束。犧牲者的人數、之後日美關係的發展，以及現在的日本，可能都會有不一樣的結果。但是日本沒有選擇這一條路。

「自爆」的不僅是一名一名士兵的性命而已，還包括了日本。

這個時候的臺灣和內地沒兩樣。不過，預測到日本的戰敗和戰敗之後可能出現混亂，日本軍部因而先讓家人陸續地回到內地。

「我們被拋棄了，只有日本人自己逃回去。」

本島人感到憤怒，想必從內地來到本島的一般民衆也有同樣的感受。大本營已經不再傳達眞實的資訊了，從其他地方也得不到消息。雖然不像日本本土那樣嚴重，但是臺灣也開始缺乏糧食和物資了。一九四五（昭和二十）年八月十五日正午，一向都比內地還要炎熱的臺灣也廣播了玉音放送，臺灣的人們在此刻得知了日本無條件投降。

女學生抱在一起痛哭，大人們也呆滯無聲。

「但是，看了隔天的報紙後，情緒爲之大變。日本接受波茨坦宣言，承諾無條件投降。臺灣不再是日本的領土，臺灣自由了！」

有位長者提到當時的情緒是「不能說是高興，但也沒有傷心」。這才是即使在日本統治下出生、戰前受日本教育，以日本精神爲傲的臺灣長者眞正的心聲。在幾天前，知道敗戰的消息之前，都還認爲自己是日本人，說著日語的人們，即使多少感受到差別待遇，但也還是以「本島人」的身分與內地人一起戰到最後一刻的人們，在那一瞬間完全不一樣了。

安藤總督發布，不論如何應該都要維持臺灣的治安；必須增加食物的產量；致力於讓出征海外的人們返臺；計劃讓受到徵召的人陸續歸國等消息。

九月十四日，身爲接收準備委員的中華民國，派遣一行人來到臺灣。到這之前雖然完全不知道該由誰、該如何進行準備接收，不過到了九月十四日這一天，臺灣到處都掛著中華民國的國旗，臺灣人沉醉在慶典的氣氛之中。另一方面，日本人還處在敗戰的打擊之中，必須準備遣返作業。雖然已經不再需要擔心空襲了，不過臺灣島上呈現出和以往不同的歡喜與悲傷，被一股騷動的氣氛籠罩著。

同年九月中，在臺灣空戰等給予日本毀滅性打擊的美軍第三艦隊司令官豪爾賽〔William Frederick Halsey, Jr.〕將軍的艦隊在基隆進港。接著「那天晚上基隆不斷傳出手槍的射擊聲，成了一個恐怖的港口。婦女傷害事件也有七、八件之多」（前引《植民地台湾の日本女性生活史4》）。另外，不滿日本統治的本島人，攻擊內地人和蠻橫警察的案件頻傳。

當然不是所有的臺灣人都對日本人抱著怨恨的情緒，也不是所有的人都累積了不滿要爆發。不少人對長久以來一直相處的日本鄰居的處境感到同情，在離別時還握手哭泣，甚至無法「有秩序、冷靜且有禮貌地送日本人離開」。

一九四五（昭和二十）年十月二十五日。

在臺北公會堂（今臺北中山堂），安藤總督和中華民國臺灣省行政長官陳儀交換降伏文書。至此日本長達五十年的臺灣統治，正式劃下句點。同一年年底展開日本人的遣返作業。

1

第13章 投降與光復的彼端
1945-1947

⊙從大陳列島瞭望中國大陸的蔣介石，大陳列島到一九五〇年代中為止，都受到國民黨軍的支配。

2

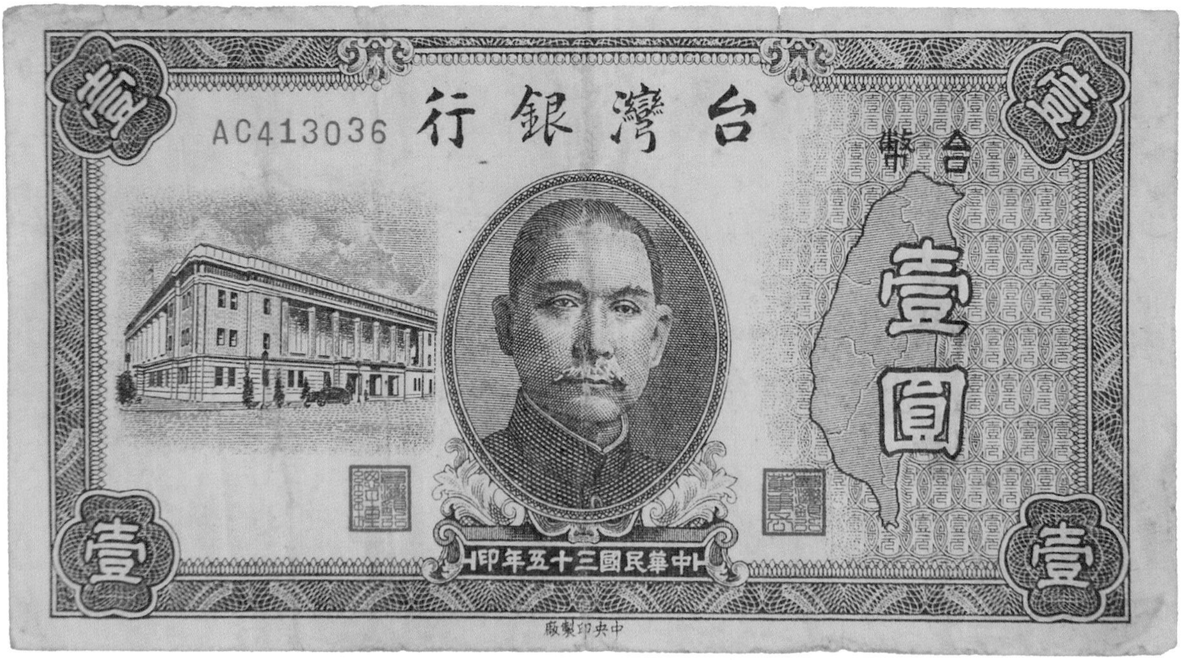

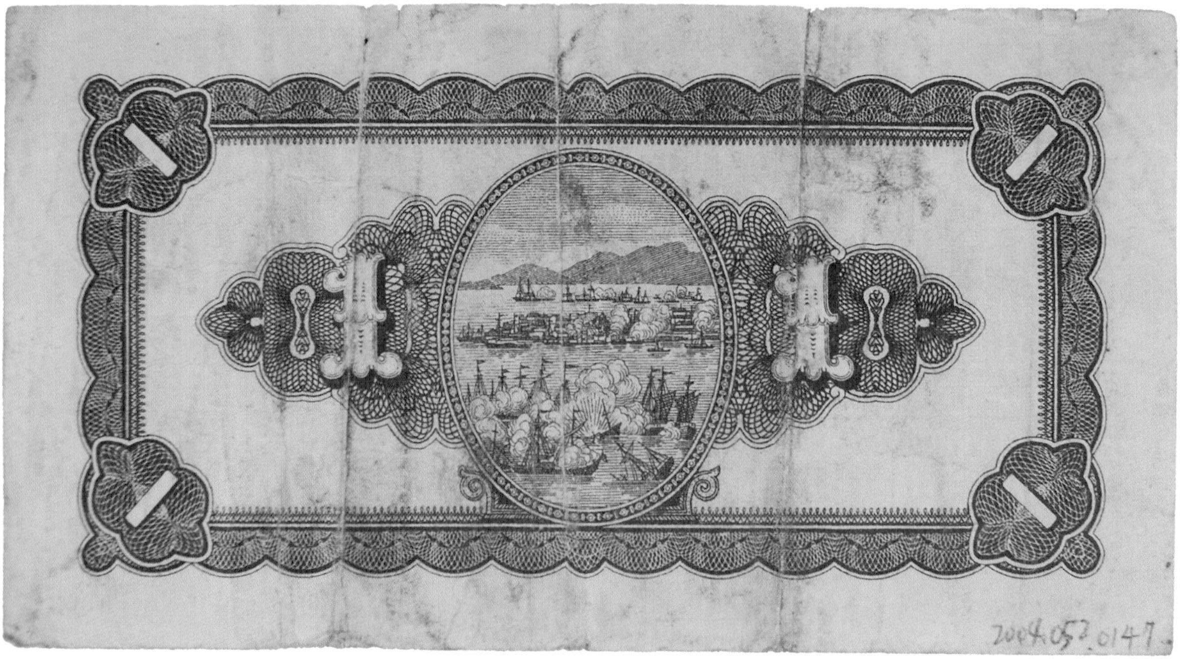

3

◉光復後於中華民國三十五（一九四六）年印刷的臺幣紙鈔。紙鈔上畫的是孫文的肖像。

4

5

◉「二二八事件」（一九四七年）也被中國共產黨政府作為政治操作的工具。照片上是一九七〇年代製作的紀念海報。海報傳達的訊息是，解放對國民黨政府發起武裝抗爭的臺灣同胞。

7

◉在美軍的反共政策之下，為了宣傳中華民國的正統性所製作的海報。

6

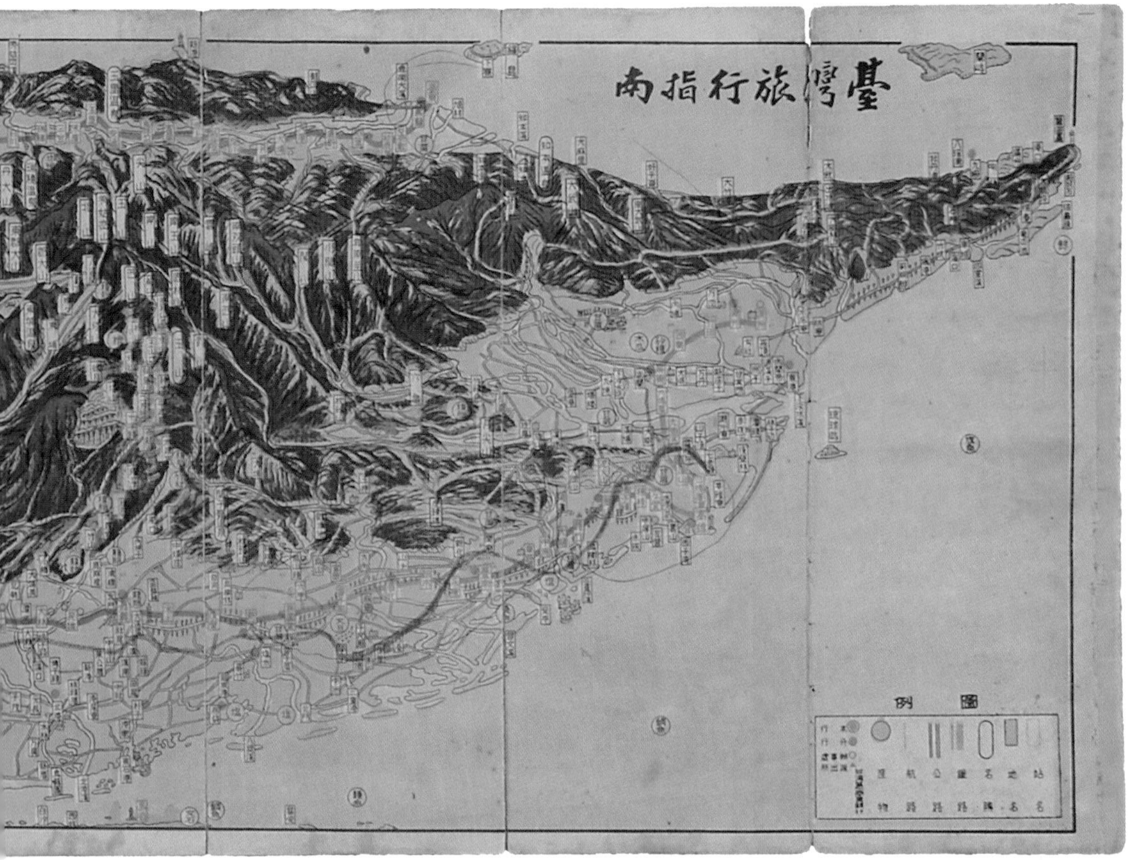

8

⊙以「臺灣旅行指南」為主題，光復後的臺灣地圖。讓人聯想起日本統治時期製作的多幅鳥瞰圖。

一九四五……（八月）天皇玉音放送。終戰
（昭和二〇）
安藤利吉總督告誡臺灣各界不要輕舉妄動並且努力維持社會的復興和安定
物價高漲。臺灣銀行增印千元和百元鈔
安藤總督再度重申告誡
〈麥克阿瑟將軍抵達厚木機場〉
（九月）中國國民黨政府先遣部隊和美軍將領一行人抵達基隆。準備進駐
〈於停靠在東京灣美軍戰艦密蘇里號上，舉行日本投降文書簽署儀式〉
國民黨政府發布日本紙幣回收令
（十月）國民黨政府第七十軍一萬二千名兵士從基隆登陸，在民眾的熱烈歡迎之中進駐臺北。臺灣民眾對國民黨軍士兵的形象感到驚訝與失望
在臺北公會堂舉行中國戰區臺灣地區投降儀式
拆下臺灣總督府的看板。宣告禁止使用臺灣總督之稱
（十一月）接收公共及日本人的私有財產，並且開始接收臺灣各公家機關和行政部門
中國國民黨臺灣省黨部成立
開始日本人遣返作業
（十二月）稻米嚴重不足
第一艘日本遣送船從基隆港出航
〈天皇的人間宣言〉

一九四六……（一月）〈GHQ開始進行公職追放〔禁止戰爭相關人員出任重要公職〕〉
（昭和二一）
舉發、檢舉在日本統治時代協助日本人的臺灣人
獎勵自首、告發和密告
稻米不足問題更加嚴重；物價飛漲，臺灣人不滿的聲浪高漲
（三月）國民黨政府發布通告，僅限日本之技術人才等才能留在臺灣
治安惡化
（四月）逮捕安藤總督
因應排斥日語、普及國語活動，成立臺灣省國語推進委員會
安藤總督自殺的消息傳到臺灣
（五月）舉行第一屆臺灣省參議會

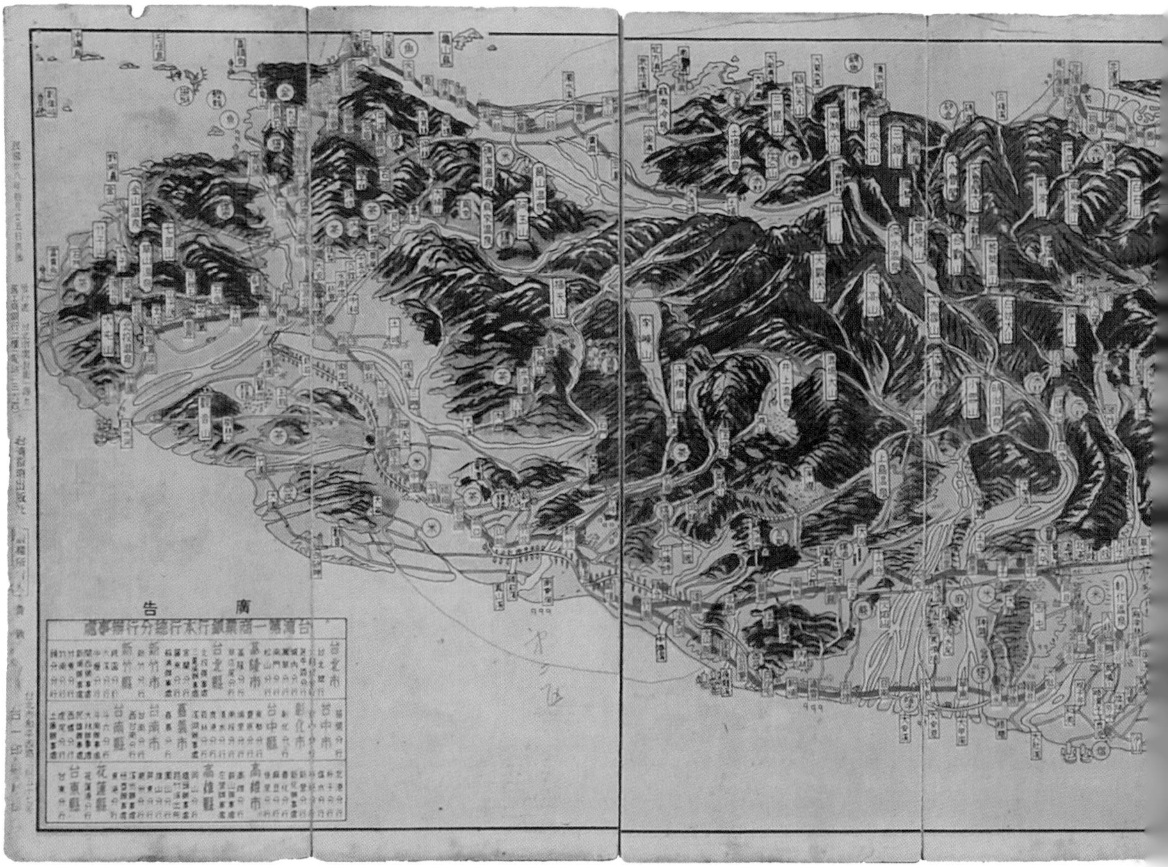

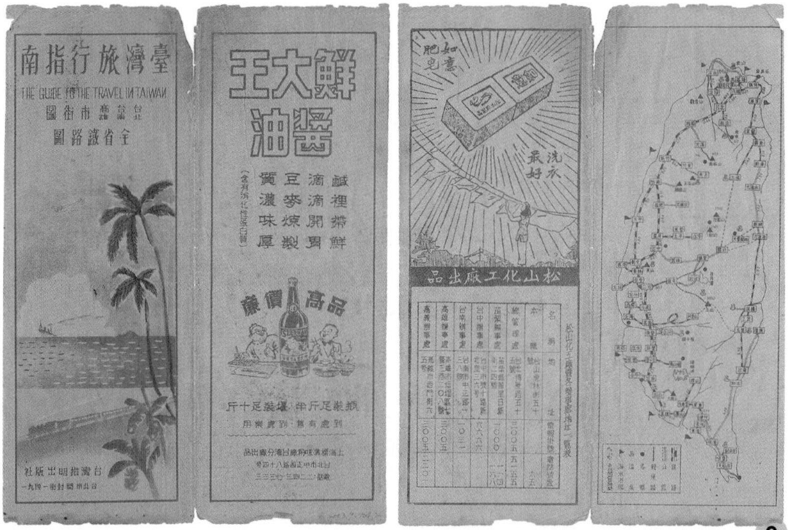

10

9

⊙應該是和「臺灣旅行指南」成套的鐵路路線圖廣告傳單。國民黨政府繼承了舊總督府的交通等各方面的基礎建設。

臺灣各縣市的町名、街道名稱改爲中國式名稱

（九月）中學裡禁止使用日語

宣布居住在日本及海外八萬八千人以上的臺灣人回臺

（十月）蔣介石、宋美齡夫婦來臺。訴求反共復國

一九四七……（二月）菸草專賣局取締官沒收林江邁（四十歲）販售的走私菸與販售所得

（昭和二二）

林江邁被槍托打得頭破血流，群情激憤

二二八事件爆發

（三月）爲了鎮壓二二八事件，來自中國大陸派遣部隊進行掃蕩式作戰，對民眾密集射擊

陳儀在臺北和基隆發布戒嚴令。國軍沿路掃射

一九四五（昭和二十）年八月十五日接近正午時分，臺灣各地響起了警報聲。和之前彷彿每天都能聽到的警戒警報和空襲警報都不同，這次的警報是從未聽過的聲音。配合著警報聲的響起，人們聚集到收音機前，生平第一次聽到了天皇陛下的聲音（玉音）。

日本接受波茨坦宣言，無條件投降。戰爭，結束了。

據說聽到「こうふく〔Koufuku〕」廣播後，日本人和臺灣人的反應大爲不同。對日本人來說，「こうふく〔Koufuku〕」除了「投降」以外，沒有別的意思。但是，對於擁有漢文基礎知識，尤其是中老年以上的臺灣人而言，大部分的人首先浮現的是「光復」這兩個字。在日文裡，「投降」和「光復」的發音相同，但是意思卻完全相反。

光復指的是「收復失去的國土」（周婉窈《図説台湾の歴史》平凡社），也就是漢族的臺灣人長久以來心目中的故鄉——祖國「唐山」收復了。聽到戰敗消息的那一刻，臺灣人與日本人一樣淚流滿地，但事隔一天在滿懷絕望的日本人身旁，卻出現了臺灣人滿懷期待的身影。

在日本簽署的波茨坦宣言中明定：

「『開羅』宣言之條件必將實施，日本之主權應僅限於本州、北海道、九州、四國及吾等所決定的其他小島。」

開羅宣言是一九四三（昭和十八）年在埃及開羅，由美英中三國所協商的內容。主要內容包括，明文規定日本無條件投降，及滿州、臺灣、澎湖群島歸還中國，朝鮮的自由獨立等。但是由於開羅宣言沒有記載明確的時間，沒有正式簽署，也沒有正式的文件，因此開羅宣言是否能被稱爲「宣言」，到目前爲止仍有爭議。

九月二日，停靠在東京灣內美軍戰艦密蘇里號的甲板上，日本政府全權代表重光葵和大本營全權代表梅津美治郎等日本代表，與以聯合國軍最高司令麥克阿瑟爲首的聯合國軍高官將領等，一起簽署了日本降書（停戰協定），日本確定接受波茨坦宣言。

到此爲止的五十年間，不顧一切投

11

⊙韓戰前後西方諸國聲討共產主義勢力之傳單。「罪徒！住手！」的字句躍然紙上。

注心力在臺灣的近代化上，拼命開墾荒地，對想盡一切辦法在臺灣這塊土地深根立足的日本人來說，他們心中的絕望與忐忑不安讓人無法想像。

「我們以後究竟會變得怎樣？」

「叫我滾回去，事到如今就算要回去，也沒地方回了。」

聽說廣島和長崎被投下了新型炸彈，別的地方也受到美軍激烈的空襲，全燒成了一片荒地。回去那種地方，能做什麼？

「我們絕對不承認！臺灣變成現在這個樣子究竟是誰的功勞啊？是我們大日本帝國的功勞不是嗎？就這麼白白地拱手讓給中國，倒不如主張臺灣獨立！」

部份的軍人無法接受戰敗的現實，也有人對就這麼把臺灣讓給蔣介石（一八八七～一九七五）所率領的國民黨感到怒不可遏。臺灣這邊也出現了企圖趁這個機會推動臺灣獨立的合作夥伴。但是最後一任臺灣總督安藤利吉（一八八四～一九四六）立即發表了十項聲明，其中第一項便是「務必要維持本島（臺灣）的治安。這需要本島的權威人士大力地支持。關於本島獨立運動，日本人當然不用說，也絕對不允許臺灣人支持獨立。」（竹內信子《植民地台湾の日本女性生活史4（昭和編・下）》田畑書店），因此最後並未實現臺灣獨立。

在這十項聲明中，強調了確保糧食、出征臺灣人的儘早返臺、返回日本時盡可能不造成混亂等內容，展現出安藤想要避免引來額外的混亂，直到最後都不打亂紀律，嚴肅地接受實際的想法。戰敗的前一年，安藤利吉於一九四四（昭和十九）年快結束時接任第十九任臺灣總督，似乎是為了不讓日本統治臺灣的時代，在閉幕的那一刻寒磣地結束般而當上總督。

十月二十五日，安藤親臨在臺北公會堂的降書簽署儀式。之後就以「臺灣官兵善後聯絡部」部長一職，統籌日本軍人的遣返作業。隔年一九四六（昭和二十一）年四月十三日，在幾乎目送了所有日本人遣返之後，安藤以戰犯的身分遭到逮捕。安藤被送到上海拘禁，最後在獄中服毒自盡。

戰敗時，在臺灣的日本人「連同十六萬六千多名軍人在內，約有四十八萬八千多人」（伊藤潔《台湾》中公新書）。一九四五年十二月二十五日開始遣返作業，最初先從軍

民國四十三年元月廿三日零時，韓戰一萬四千三百四十三名
反共義士，持 總統蔣公照片前導，步出戰俘營，獲得自由。

◉民國四十三（一九五四）年一月，韓戰停戰後，捧著蔣介石的照片，洋洋得意前進的臺灣軍人們。

12

人開始。爲什麼留下民間人士，讓軍人先回國呢？這或許是因爲日本軍人的傷兵衆多，同時也爲了避免日軍與接收臺灣的國民黨軍可能產生的衝突，此外，民間人士也需要時間處理自己的財產。三十二萬名民間人士的「所有不動產皆被沒收，只能帶走隨身物品與一〇〇〇日圓的現金」（前引《図説台湾の歴史》），因此當時的日本人在臺灣打拼下來的所有東西，都只能被迫放手。

應該有不少臺灣人還記得當時日本人把家當等物品，放在路邊尋找買家的景象。也有人收到交情不錯的日本人送的擺設，或者也有日本人請託幫忙保管寶貴財產，約定「總有一天會回來拿」。森鷗外的長男於菟，當時雖然是臺北帝國大學的醫學院院長，森鷗外留下來的原稿和資料等，最後都還是被帶回了東京。雖然在遣返當時無法帶走，不過森於菟把原稿和資料託付給值得信賴的臺灣人保管後先回到日本。後來這些原稿和資料都原封不動送回日本，也因此我們現在才有辦法看到森鷗外的原稿。

關於個人財產和民間企業，由「臺灣省日產處理委員會」接收；日本公營企業擁有的資產則由「臺灣省接管委員會」接收。到一九四七（昭和二十二）年二月底爲止，「接收的財產除了土地以外，共有①公家機關五九三件，二十九億三千八百五十萬日圓；②民營企業一二九五件，七十一億六千三百六十萬日圓；③民間人士的私有財產四萬八九六八件，八億八千八百八十萬日圓；總計五萬八五六件，一百零九億九千零九十萬日圓」（前引《台湾》）等，十分龐大的數量。這些財產和所有的臺灣社會機關、組織，都由國民黨全盤接收了，簡直就是喜從天降。

就這樣，日本人離開了臺灣。其中被稱爲「灣生」，在臺灣出生的日本人更是格外地悲傷。因爲對他們來說，臺灣才是他們出生的故鄉，強制遣返就像是被趕出自己的故鄉。此外，教師和研究人員等，除了受到國民黨政府的要求，能夠特別留下來的人以外，到一九四六年四月二十日爲止，所有在臺的日本人都在基隆或高雄搭上遣返船隻，離開了臺灣這塊土地。同年五月三十一日，頒布廢除臺灣總督府的勅令。從這一天起，日本正式放棄在臺灣的統治。對戰敗國的日本而言，這是無可奈何的事，不過留下來的臺灣人，他們的想法卻完全沒有被反映出來。殖民地統治時代，的確也存在著差別待遇。但是從出生後就被視爲日本人，接受教育，並且前往戰場服役的臺灣人，從此刻起毫無選擇地成了與自己毫無相關的中華民國國民。

脫離日本統治的臺灣，之後走向何處？這對無意識地度過二戰結束後混亂期的我們來說，可以說幾乎一無所知。

日本在密蘇里戰艦的甲板上，簽署降書的前一天，九月一日，也就是日本尚未正式放棄臺灣統治的這一天，中華民國的主席蔣介石以臺灣省警備總司令官的身分，任命陳儀爲福建省主席。這雖然是根據開羅宣言的協議，將臺灣以「省」劃入中華民國，不過就如同之前提到的，開羅宣言的協議內容並未留下正式文件。

十月十七日，陳儀長官下令第七十軍第七十五師團從基隆登陸。

「光復了！」

爲了這一天，國民黨政府已經做好了事先的宣傳和準備工作。因此，臺灣全島的人都特地跑到基隆港，歡聲雷動地迎接國軍（國民黨軍）的到來。但是看到了搭乘在美軍軍機保護下的美軍船艦登陸的國軍士兵的模樣時，臺灣人全啞口無言了。

「這也太離譜了吧！」

這個景象到現在仍舊是茶餘飯後的話題，來自故鄉「唐山」士兵的樣子，實在是太寒酸了。有人的小腿綁帶滑到腳踝，有人穿著軍靴，有人穿著草鞋。背上背著棉被和鍋子，不僅沒有士氣，而且看起來也不像是受過行進訓練。由於國軍的樣子和「他們熟知的日本軍隊完全不一樣」（前引《図説台湾の歴史》），因此臺灣人對於國民黨軍感到相當地失望。

「日本怎麼可能輸給這些人！」

一直到不久之前，都還以日本人的身分生活著、出征的臺灣人。雖然說是光復，但是對不少人來說，不僅不覺得是光復，甚至還覺得就像是正在做一場惡夢一樣，而這的確正是惡夢的開始。

十月二十四日，搭乘美軍軍機來臺的陳儀長官，隔天二十五日在臺北公會堂和安藤總督相互簽署了「降伏文書簽署儀式」，接著進行「中國戰區臺灣地區降伏儀式」後，透過廣播發表聲明：「從今天開始，臺灣再度成爲中國的領土，所有的土地和居民都在中華民國國民政府（國民黨政權）的主權之下」（前引《台湾》）。

從這天起臺灣變成了「中華民國臺灣省」，臺灣人的國籍變成中華民國國籍。原先被叫做「本島人」的臺灣人，改稱爲「本省人」。另一方面，從中國大陸過來的人則被稱爲「外省人」。出生在臺灣，但是在日本統治時期前往大陸，並且在光復後與國民黨政府一起來到臺灣的人則被稱爲「半山（一半唐山人的意思）」。

想當然爾，雖然在人數上本省人占了壓倒性的多數，但是財富和權力都掌握在外省人的手中。因此出現人口比例和權力不均的現象，也就是所謂的「省籍矛盾」問題。被夾在兩者之間的「半山」，有時會接近國民黨政府取得好處，有時又會利用介於本省人、外省人之間的身分從中獲取利益，有時也會當告密者。對於從本島人改被稱爲本省人的臺灣人而言，在被剝奪了「日語和臺語」這兩種語言之後，光復的喜悅瞬間而逝，頓時開始了不平靜的生活。

宛如不平靜生活的象徵，治安突然惡化了起來。等待遣返的日本警察，不僅意氣消沉，也喪失了原本維持治安的功能。國民黨的警察則是在檯面下活動，延續清代視貪汙爲理所當然的中國官僚作風，從上腐敗到下。這些人就像是螞蟻群集在砂糖旁一樣，往接收自日本的財產靠攏。

「剛來到臺灣的國民黨的人，拿公司金庫裡的錢出來用，一整天都在打麻將。完全把公司的錢私有化。尤其因爲不了解複式簿記的記帳法，把『貸方（負資產）』誤以爲是把錢借給了誰，造成帳面不清，進而開始懷疑資產申報不實。」

從終戰時已經是社會人士的臺灣人聽到當時臺灣的景象，比如某天家裡突然有人闖進來討錢；又或者是爲了取暖，把學校的桌椅拿來當柴燒。

還有一件事聽起來很不可思議，到現在也還會被當成笑話，那就是國軍的士兵曾經把水龍頭插進建築物的牆壁，然後說：「水出不來」。因爲他們以爲只要把水龍頭插進牆壁，就有水可用，當時的國軍士兵竟然如此的無知。不過事後仔細想想，這也不是不能理解的事。因爲來到臺灣的士兵大部分都是國軍在中國大陸輾轉作戰時，遇到軍隊缺員時，便從農村強逼年輕人加入軍隊。既沒有受過學校教育，也沒有受過軍隊的訓練，十來歲的少年和年輕人，在什麼都不知道的情況下，上了船來到了臺灣。

但是，對受日本教育的臺灣人來說，他們旁若無人的舉動、無知沒有教養的行爲以及貪汙蔓延的金權體質則是讓臺灣人失望的最大原因。尤其爲什麼比自己還要劣等，什麼都不曉得的傢伙可以這麼地囂張跋扈，這讓臺灣人心中的鬱憤不斷地積累。

儲備充分的稻米被大量地運往內戰中的中國，臺灣頓時陷入稻米供應不足的狀態。貨幣從日圓改成元，匯率爲一比一，兌換成中國貨幣的匯率被不合理的壓低。

「你相信嗎？稻米的價格是終戰時的六十倍！一年就漲成這樣！」

除此以外，服役的軍人回到臺灣，衆多的留學生也從日本返回臺灣。就在遣返作業開始，日本人漸漸減少的同時，街上充斥著失業者，人們的心情也越來越冷漠尖酸。在這之前，因爲參雜著憧憬和鄉愁而被叫做「唐山人」的外省人，被改叫做「阿山」（意思是鄉下人）的情況也越變越多。

「狗去豬來」

這是當時的流行語。狗（日本人）的吠聲雖然很吵，但是做條看門狗，還是很有用的。但是，豬（中國人）卻慾望無窮，吃相難看。對臺灣人來說，現在已經不是「光復」那時單純開心的氣氛了。得趕緊想辦法向臺灣省政府表達自己的要求，保護一直以來的臺灣秩序。但是面對這些舉動，陳儀長官以「臺灣人民長期接受日本統治，政治意識已經退化，欠缺自制能力」（前引《台湾》）爲由，抹殺掉臺灣人的要求。

事件的開端是一九四七年二月二十七日，發生在臺北市內繁華的大稻埕內。帶著幼子的寡婦爲了維生販賣私菸，被取締員發現後，私菸和販賣所得都被沒收。寡婦跪在街上哀求取締員，至少不要沒收現金，但是卻遭到取締員用槍托毆打頭部，流血倒地。看到這一幕的民衆，群情憤慨，一起圍住取締員。取締員驚恐地逃出包圍後，對著民衆開槍，流彈波及路邊行人，市民的不滿情緒終於因此爆發。

二月二十八日，前一天的事件還沒告一段落，不滿的民衆增加，醞釀舉行抗議遊行，要求會見陳儀長官。結果憲兵從長官公署的屋頂拿機關槍掃射，造成民衆傷亡。於是市民占領電臺，向全臺灣廣播這個事件。三月一日，騷動蔓延到臺灣全島，光復後累積了大量不滿的民衆，襲擊各地的地方政府和警察局，開始攻擊外省人等。火一旦點燃後，就越燒越猛烈了。

為了早日解決這個事件，有志人士組成「二二八事件處理委員會」，發表書面聲明，指出臺灣人希望的是「一掃貪官汙吏，實現臺灣的政治改革，絕非排斥外省人」（前引《台湾》）等。對於這些訴求，陳儀長官雖然表明會進行交涉，但實際上卻暗地裡向蔣介石請求派遣援軍支援。因為陳儀在電報中控訴「臺灣人受到日本奴隸化教育的影響過深，思想被毒化」，蔣介石因此決定直接派遣軍隊來臺。

三月八日，憲兵第四團二千名，陸軍第二十一師團一萬一千名士兵，從基隆和高雄登陸。軍隊立即使用機關槍向臺灣的一般民眾進行隨機攻擊。不單是射殺而已，甚至還削去一般民眾的耳朵和鼻子，用鐵絲穿縫數人的手掌，用卡車車廂把人載到街上遊行示眾後，就丟進海邊或湖裡，當時的屠殺景況極為慘虐。

三月十日，「陳儀正式對臺灣全島宣布實施戒嚴令」（何義麟《台湾現代史二・二八事件をめぐる歴史の再記憶》平凡社）。到五月十六日戒嚴令解除之前，隨機大量屠殺的結果，使得臺灣人恐怖的記憶深植入骨。

警備總司令甚至以「肅奸工作」為名，逮捕了不論是否與二二八事件相關的醫生、律師、教育者、新聞記者等，打算要把在日本統治時期受高等教育的知識分子斬草除根、連根拔起。在這段時間遭到殺害的臺灣人，「根據國民黨政權在二二八事件之後發表的人數，約有二萬八千人之多……中略……被逮捕並處以有期或是無期徒刑的人數，雖然沒有統計過，但是想必數字驚人」（前引《台湾》）。

日本統治時代結束才不過兩年，原本應該是掌舵臺灣未來方向的領導階層卻失去了一大半。國民黨政府當初

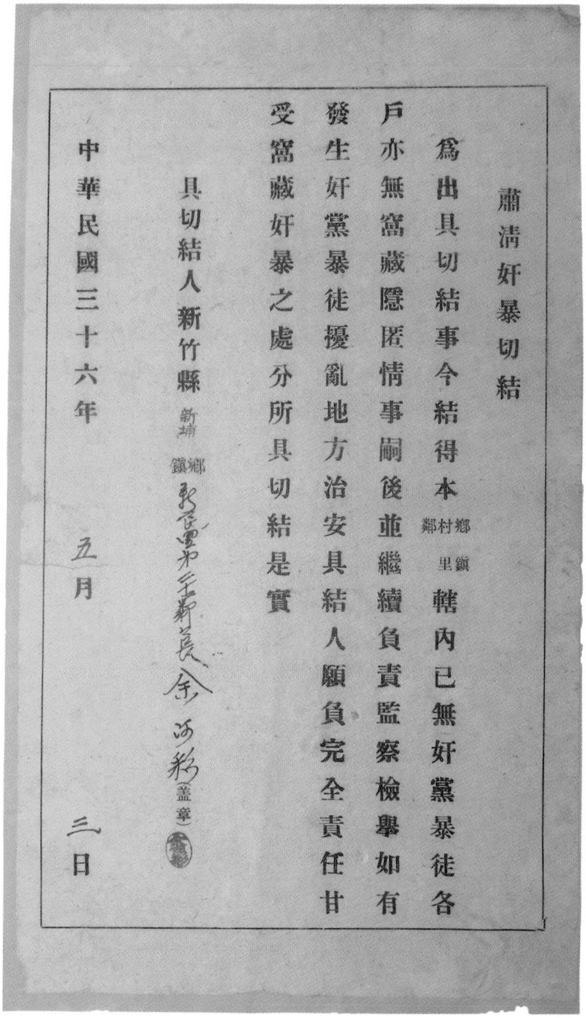
肅清奸暴切結

為出具切結事令結得本鄉鎮村里轄內已無奸黨暴徒各戶亦無窩藏隱匿情事嗣後並繼續負責監察檢舉如有發生奸黨暴徒擾亂地方治安具結人願負完全責任甘受窩藏奸暴之處分所具切結是實

具切結人 新竹縣 新埔鄉鎮 （蓋章）

中華民國三十六年 五月 三日

13

⊙二二八事件後，「肅奸工作」的切結書文件。日期為民國三十六（一九四七）年五月三日。

留下來的日本人也因爲這個事件全都遣返回國。

不斷主張導致二二八事件發生的原因是爲了「消除日本教育的『毒素』，更徹底實施祖國化政策」（前引《台湾現代史》）的陳儀，在一九五〇（昭和二十五）年遭到槍決，結束了一生。陳儀遭處刑的理由與二二八事件毫無關係，據說是懷疑陳儀有叛逃共產黨之嫌。

一九四九（昭和二十四）年一月一日，國民黨政府任命蔣介石具有才能的部下陳誠爲臺灣省主席，此舉被視爲是持續已久的國共內戰分界點的徵兆。事實上，一月三十一日人民解放軍正進入北平（北京），四月以後大多數的國民黨政府高官及其家屬開始移居臺灣。

五月十九日，陳誠在臺灣全島實行戒嚴令，開始了新的軍事統治。中華民國政府也終於從中國本土撤退，出現把根據地遷到臺灣的徵兆。同年年底，蔣介石和夫人蔣宋美齡的兒子蔣經國一起來到臺北，成立中華民國臨時政府，從此開啓了所謂的「白色恐怖」時代。

白色的「白」是相對於共產黨的象徵顏色「紅」。結果極右和極左都一樣，國民黨的政治姿態、手法和中國共產黨沒什麼兩樣。「五〇年代大多被懷疑和中共有關連的案件，到了六〇年代以後則是『臺灣獨立案件』居多」（前引《図説台湾の歴史》）。雖然案件的理由各異，但千篇一律都是被懷疑對政權具威脅性，然後就遭到拘禁、拷問、處以重刑。國民黨的諜報組織遍布臺灣全島。並且獎勵密告，不管捏造與否，一旦被盯上就完了。

因爲二二八事件的「恐怖徹底地深植於心」（前引《台湾現代史》）的人們選擇默不出聲，以求活命。白色恐怖時代，在蔣介石死去之後，到其繼承者也就是他的兒子蔣經國死去前一年，一九八七（昭和六十二）年才解除戒嚴令，持續了三十八年之久。這是二十世紀維持最久的戒嚴令。

然而即便被多少暴力和恐怖所束縛，又遭到多少的金錢誘惑，到最後人心終究還是依循著自己心中的渴望，期盼能夠自由地活著，希望沐浴在陽光之下，自由自在地展現喜怒哀樂；自由自在地喜愛、歌唱；自由自在地言談。如果沒有了希望，人便無法生存下去。

在日本離去後，臺灣歷經了漫長的苦難，但是臺灣人卻沒有放棄希望。即使出現龐大的犧牲，被恐怖凍結住的心靈，隨著時間的流逝，依舊與未來的希望交織在一起。現在，臺灣也正一步一步地向前行。

相逢自是有緣

呂理政（國立臺灣歷史博物館　前館長）

我相信和乃南老師有著深深而奇妙的緣分，才會相遇相知成爲朋友。我也相信這個緣分源自於臺灣和日本在過往歷史上的牽繫。

二〇一三年夏天，「日本臺灣文化經濟交流機構」一行人到臺南的國立臺灣歷史博物館參觀，我以館長身分向他們致意表示歡迎。機構的臺灣代表人陳旭慶先生說明這個機構是在二〇一一年東日本大震災之後，日本民間有感於臺灣人熱情的賑災捐款，期望加強臺日兩地居民相互了解溝通、促進文化經濟交流而成立的民間機構。從日本來的客人是機構的代表理事松井愼之輔先生和理事乃南亞沙老師。特別的是乃南老師是曾經獲得直木賞和中央公論文藝賞的知名推理小說家！她專程到臺灣取材，準備先連載後成書，名爲「美麗島紀行」，記錄她在臺灣所見所聞、所思所感。我了解他們對臺日交流的熱忱，也就很高興的陪他們一起參觀臺灣歷史常設展，特別是臺灣的日本統治時代展示區。當日他們停留博物館約兩個小時，相談甚歡，我也表示如果取材中需要臺灣相關資料，博物館十分樂意協助。

本館和大阪國立民族學博物館合辦的「看見平埔」特展於二〇一三年九月開展，我獲邀到日本參加開幕式。乃南老師得知我到日本，特別約我在京都相會，招待了一頓日本風味的可口晚餐，並相約在臺灣再見面。此後，與乃南老師就一直有信件聯繫，她來臺灣時也多次見面，博物館方面提供她取材所需的相關訊息和史料。其中最值得一提的是我介紹了兩個人給乃南老師。一是我的啓蒙恩師中央研究院院士宋文薰教授，二是好朋友秋惠文庫的林于昉醫師（文物收藏家）。我帶乃南老師拜訪宋教授夫婦，她撰著的《美麗島紀行》中有〈宋文薰先生夫妻〉一篇，記錄了我恩師和綾子師母的七十多年臺日姻緣，十分令人感動。我帶乃南老師拜訪林于昉醫師，讓她大開眼界的看到日本統治臺灣時期的許多相關文物和史料，意外的促成了乃南老師開始在講談社「小說現代」連載「圖式年表 統治臺灣五十年」。

我在二〇〇二年元月接掌國立臺灣歷史博物館籌備處主任，二〇〇八年十月擔任館長，經過許多年許多人的共同努力，博物館於二〇一一年十月開館。我期望建立一座誕生知識、快樂學習、友善平權，屬於全體臺灣人的歷史博物館。我認爲一座有價值的博物館應該是對社會而言有利用價值的博物館，除了提供所有人參觀的展示場和學習計畫之外，博物館的圖書文獻和文物史料都應該提供學術研究及社會各界使用。我主張臺灣歷史博物館是一個開放的歷史論壇，期望容受不同族群文化的多元觀點，我也主張歷史有許多不同的書寫方式，而不只是歷史家所書寫的歷史。

當乃南老師告訴我她要寫「日本統治臺灣五十年史」的時候，讓我十分吃驚！雖然很難想像一個推理小說家如何書寫歷史？不過我十分相信乃南老師的本領，所以還是決定和日本臺灣文化經濟交流機構簽一份協議，請博物館研究組的陳怡宏博士協助收集資料並提供各篇章所需文物史料的圖片。

基於多元書寫歷史的觀點，其實我內心十分有興趣的是乃南老師做爲戰後出生的日本人、做爲一個推理小說家，對於日本統治臺灣五十年間的歷史如何理解又如何書寫？現在，終於連載完畢要成書出版了！大家應該可以從書中獲得答案。我很難知道歷史家將如何來評論本書，但是這不是最重要的事，重要的是，期望透過本書讓更多現代日本人了解臺灣，讓更多現代臺灣人認識自己歷史。

這本書記錄了臺灣和日本在歷史中相逢的情緣，撰寫期間聯繫了乃南老師和我相遇的情緣。無論是臺灣和日本、乃南老師和我，我們期望可以放下臺灣和日本百餘年來在政治上糾結的恩怨情仇，珍惜在天災出現的時候，喚醒了兩地人民潛藏在內心深處的眞誠關懷。相逢自是有緣，珍惜緣分，相互關懷，我想這應該是乃南老師在書寫歷史之外透露出的重要價值。

圖片來源 ＊數字是各章的圖片序號

國立臺灣歷史博物館 提供
口繪鳥瞰圖………1, 2
第 1 章………1, 2, 3, 4, 5, 9, 10, 11, 12
第 2 章………2, 3, 4, 5, 8, 9, 10, 11, 12, 13, 14, 15, 16
第 3 章………2, 3, 4, 7, 10, 11, 12
第 4 章………1, 2, 3, 4, 5, 7, 8, 10, 12, 13
第 5 章………1, 2, 3, 4, 6, 7, 8, 10, 12, 13
第 6 章………1, 2, 3, 4, 5, 6, 7, 10
第 7 章………1, 2, 3, 4, 5, 6, 7, 8, 9, 11, 12, 13, 14, 15
第 8 章………1, 3, 5, 7, 8, 9
第 9 章………1, 2, 3, 4, 5, 6, 7, 9, 10, 11, 12, 13, 14, 15
第10章………1, 2, 3, 6, 7, 8, 9, 10, 11, 12
第11章………1, 2, 3, 4, 6, 8, 9, 10, 11, 12
第12章………1, 2, 3, 4, 5, 6, 7, 8, 9, 10, 11, 12, 13, 19, 20, 22, 23
第13章………1, 2, 3, 4, 5, 6, 7, 8, 9, 10, 11, 12, 13

秋惠文庫 提供
第 1 章………6, 7, 8
第 2 章………17
第 3 章………1, 5, 6, 8
第 4 章………14
第 5 章………5, 9, 11
第 6 章………8, 9
第 7 章………10
第 8 章………2, 4, 6
第 9 章………8
第10章………4, 5, 13
第11章………5, 7
第12章………14, 15, 16, 17, 18, 21

著者 提供
第 2 章………1, 6, 7
第 3 章………9

首次刊載

《小說現代》2015年4月號～2016年4月號

＊譯文中，符號〔〕是譯者注。

主要参考・引用文獻

◆『外地鉄道古写真帖』別冊歴史読本
◆別冊太陽『画家と戦争』平凡社
◆『今日の話題』第九十集　土曜通信社
◆洪郁如『近代台湾女性史』勁草書房
◆鶴見祐輔『〈決定版〉正伝・後藤新平 3（台湾時代）1898 ～ 1906 年』藤原書店
◆鄧相揚『抗日霧社事件の歴史』日本機関紙出版センター
◆小林道彦『児玉源太郎』ミネルヴァ書房
◆原田熊雄『西園寺公と政局 第一巻』岩波書店
◆永沢道雄『昭和ひとけた時代』光人社
◆『寫眞畫報臨時增刊　兒玉陸軍大将』博文館
◆鄧相揚『植民地台湾の原住民と日本人警察官の家族たち』日本機関紙出版センター
◆游珮芸『植民地台湾の児童文化』明石書店
◆竹中信子『植民地台湾の日本女性生活史 1（明治篇）』田畑書店
◆竹中信子『植民地台湾の日本女性生活史 2（大正篇）』田畑書店
◆竹中信子『植民地台湾の日本女性生活史 3（昭和篇・上）』田畑書店
◆竹中信子『植民地台湾の日本女性生活史 4（昭和篇・下）』田畑書店
◆永沢道雄『大正時代』光人社
◆伊藤潔『台湾』中公新書
◆何義麟『台湾現代史 二・二八事件をめぐる歴史の再記憶』平凡社
◆『台湾史小事典』中国書店
◆黄昭堂『台湾総督府』教育社
◆劉明修『台湾統治と阿片問題』山川出版社
◆楊基銓『台湾に生を享けて』日本評論社
◆戴国煇『台湾　人間・歴史・心性』岩波新書
◆森常治『台湾の森於菟』ミヤオビパブリッシング
◆『台湾引揚史』台湾協会編
◆周婉窈『図説台湾の歴史』平凡社
◆『日本鉄道旅行地図帳　歴史編成　朝鮮・台湾』新潮「旅」ムック
◆末光欣也『日本統治時代の台湾』致良出版社
◆坂口䙥子『蕃地』新潮社
◆有馬玄『風土病誌』積善館
◆『別冊 1 億人の昭和史　日本植民地史 3　台湾』毎日新聞社
◆辻泰明・NHK 取材班『幻の大戦果大本営発表の真相』NHK 出版
◆生方敏郎『明治大正見聞史』中公文庫

國家圖書館出版品預行編目資料

圖式年表：日本統治臺灣五十年／乃南亞沙作；沈玉慧，蕭家如翻譯. -- 初版. -- 臺北市：五南圖書出版股份有限公司, 2017.12
面；　公分
ISBN 978-957-11-9397-7（平裝）

1.臺灣史　2.日據時期

733.28　　106015704

台灣書房　37

8V0G

圖式年表　日本統治臺灣五十年

ビジュアル年表　台湾統治五十年

作　　者 — 乃南亞沙（乃南アサ　Nonami Asa）
譯　　者 — 沈玉慧　蕭家如
發 行 人 — 楊榮川
總 經 理 — 楊士清
總 編 輯 — 楊秀麗
主　　編 — 蘇美嬌
封面設計 — 姚孝慈

出 版 者 — 五南圖書出版股份有限公司
地　　址：106台北市大安區和平東路二段339號4樓
電　　話：(02)2705-5066　　傳　　真：(02)2706-6100
網　　址：https://www.wunan.com.tw
電子郵件：wunan@wunan.com.tw
劃撥帳號：01068953
戶　　名：五南圖書出版股份有限公司

法律顧問　林勝安律師事務所　林勝安律師

出版日期　2017年12月初版一刷
　　　　　2021年 8 月初版二刷
定　　價　新臺幣380元